KINDER fragen nach dem LEBEN

Religionsbuch für
das 3. und 4. Schuljahr

Erarbeitet von
Annette Drews,
Hildegard Gabler,
Miriam Kämper,
Michael Landgraf,
Ingrid Wiedenroth-Gabler

Inhaltsverzeichnis

Wer bin ich? – Wer ist Gott?
Tino denkt nach 4
Alles nur Zufall? 5
Nachdenken über Gott 6
Wie Menschen sich Gott vorstellen … 7
Wie Gott sich dem Mose vorstellt 8
Wie kann ich spüren, dass Gott da ist? 9

Wie ist das mit dem Tod?
Die Schritte 10
Traurigsein 11
Leben und Tod 12
Nele fragt 13

Das Leben will gelernt sein
Warum streiten wir miteinander? 14
Warum ist vertragen schwer? 15
Wie eine gelbe Blume 16
Warum gibt es Kriege? 17
Warum gibt es so viel Leid? 18
Was Menschen gegen das Leid tun 19
Warum müssen Kinder unter Hunger und Ungerechtigkeit leiden? 20
Auf der ganzen Welt müssen Kinder arbeiten … 21
Kinder haben Rechte 22
Menschen haben Vorbilder 23
Wir brauchen einander! 24
Lass uns eine Welt erträumen 25

Schöpfung: Geschenk und Aufgabe
Die Welt ist schön und geheimnisvoll 26
Vor langer Zeit in Babylon … 28
Das Lied von der Schöpfung 30

Siehe, es war sehr gut! 32
Lob des Schöpfers 33
Ein neues Lied der Schöpfung 34
Das Leid in der Schöpfung 35
Verantwortung für die Schöpfung 36
Der Traum vom Frieden in der Natur 37

Bund Gottes mit den Menschen
Naturkatastrophen 38
Der Regenbogen – Zeichen der Hoffnung ... 39
Noah 40
Noah erzählt von Gottes Güte 41
Wie ist das mit Gott? 42
Das Wasser sinkt 43
Gottes Bund mit den Menschen 44
Wir können uns freuen 45

Gott segnet Jakob
Jakob und Esau 46
Das Linsengericht 47
Isaak segnet 48
Segenssprüche 49
Jakobs Flucht 50
Jakob bei Laban 51
Jakobs Heimweg 52
Die Versöhnung 53

Mose befreit sein Volk
Gott rettet und befreit sein Volk 54
Israels Unterdrückung in Ägypten 55
Gott rettet Mose 56
Mose muss aus Ägypten fliehen/
Mose erhält einen Auftrag 57
Die Israeliten werden befreit 58

Gott rettet und befreit/Menschen bekennen: Gott ist bei uns 59
Mose erhält Gottes Gebote 60
Ausblick auf ein verheißenes Land 61

Begegnung mit dem Judentum
Am Schabbat 62
Jüdisches Leben 63
Die jüdischen Jahresfeste 64
G´´tt der Welt! 66
Schalom 67

Begegnung mit dem Islam
Anne und Ismail 68
Die fünf Pfeiler 71

Das Land der Bibel
Das Land Jesu 72
Vor etwa 3000 Jahren 73
Vor 2000 Jahren 74

Jesus, wer bist du?
Jesus 76
Jesus – ein frommer Jude 77
Leben in Palästina zur Zeit Jesu 78
Jesus lässt sich von Johannes taufen 79
Jesus erzählt von Gottes neuer Welt 80
Wann fängt Gottes neue Welt an? 81
Welche Regeln gelten in Gottes neuer Welt? 82
Wer ist mein Nächster? 83
Jesus wendet sich den Menschen zu 84
Hungrige werden satt 85
Wasser zum Leben 86
Ängstliche werden ermutigt 87
Jesus erzählt von Gott 88

Passion – Ostern – Pfingsten
Ärger im Tempel 90
Das letzte Mahl/Petrus verleugnet Jesus 91
Jesus vor Pilatus/Jesus stirbt einsam am Kreuz 92
Jesu Auferstehung 93
„Geburtstag" der Kirche 94
Festkreis 95

Advent und Weihnachten
Advent 96
Jesu Geburt 97
Matthäus erzählt es anders 99
Wir gehen zur Krippe 100

Martin Luther und die Reformation
Reformationstag 102
Martin Luther hat Angst 103
Martin Luther wird Mönch 104
Martin Luthers Entdeckung 105
Luther widerspricht Papst und Kaiser 106
Martin Luther auf der Wartburg 108
Die „Wittenberger Nachtigall" 109
Martin Luther ist nicht allein 110
Gegeneinander – Miteinander 111

Evangelisch – katholisch
Ein katholischer Junge erzählt 112
Ein evangelisches Mädchen erzählt/Ökumene 113
Evangelische und katholische Gottesdienste 114
Evangelische und katholische Feste 115

Quellenverzeichnis 116

Wer bin ich? – Wer ist Gott?

Nachdenken über Menschen, Gott und die Welt

Tino denkt nach

Hast du eigentlich auch schon mal darüber nachgedacht: Warum bin ich eigentlich ich und kein anderer?

Tino sitzt im Garten und denkt nach. Er denkt nach, wer er wäre, wenn er nicht er selber wäre.

Tino sieht den Kaminkehrer auf der Straße vorübergehen. Der Kaminkehrer winkt über den Zaun. Sein Gesicht ist schwarz von Ruß. Seine Hände sind schwarz. Sogar sein Hals ist schwarz. Der Kaminkehrer gefällt Tino. „Der könnte ich sein", denkt er.

Tino sieht eine Libelle durch die Luft sausen. Sie surrt wie ein kleiner Hubschrauber. Ihre Flügel glänzen in der Sonne. Die Libelle gefällt Tino. „Die könnte ich sein", denkt er.

Tino sieht einen kleinen Vogel, der einen Wurm aus der Erde zieht. Ein größerer Vogel mit schwarzen Federn und gelben Schnabel fliegt herbei. Er drängt den kleinen Vogel beiseite, pickt den Wurm auf und fliegt davon. Der kleine Vogel schüttelt seine Flügel. Er hüpft durch das Gras und sucht einen neuen Wurm, aber findet keinen. Tino denkt: „Der große starke Vogel könnte ich sein. Ich hätte aber auch der kleine, schwache Vogel sein können, dem der Wurm weggenommen worden ist."

Tino denkt weiter: „Ich hätte auch der Wurm sein können."
Und Tino ist sehr froh, dass er er selber ist.

Lene Mayer-Skumanz

Wünscht ihr euch auch manchmal, jemand anderes zu sein?

Alles nur Zufall?

Zufall

Wenn statt mir jemand anderer
auf die Welt gekommen wär'.
Vielleicht meine Schwester
oder mein Bruder
oder irgendein fremdes böses Luder –
wie wär' die Welt dann,
ohne mich?
Und wo wäre dann ich?
Und würd' mich irgendwer vermissen?
Es tät ja keiner von mir wissen.
Statt mir wäre hier ein ganz anderes Kind,
würde bei meinen Eltern leben
und hätte mein ganzes Spielzeug im Spind.
Ja, sie hätten ihm sogar
meinen Namen gegeben!

Martin Auer

Oder nicht?

Vergiss es nie …

Du bist gewollt,
kein Kind des Zufalls,
keine Laune der Natur,
ganz egal,
ob du dein Lebenslied in Moll singst oder Dur.
Du bist ein Gedanke Gottes,
ein genialer noch dazu.
Du bist du,
das ist der Clou,
ja, der Clou.
Ja, du bist du.

Jürgen Werth

Was bedeutet es, wenn dich jemand bei deinem Namen ruft?

Nachdenken über Gott

Ich habe dich bei deinem Namen gerufen. Du bist mein!

Jesaja 43,1 b

Wann ist dieser Text trostreich, macht Hoffnung? Wann wirkt er vielleicht beunruhigend?

Ein Mensch spricht zu Gott:
Herr, du erforscht mich und kennst mich.
Ob ich sitze oder stehe, du weißt von mir.
Von fern erkennst du meine Gedanken.
Ob ich gehe oder ruhe, es ist dir bekannt;
Du bist vertraut mit all meinen Wegen.
Es gibt kein Wort auf meiner Zunge, dass du, Herr, nicht wüsstest.
Von allen Seiten umgibst du mich und hältst deine Hand über mir.
Zu wunderbar und unbegreiflich ist dies für mich,
ich kann es nicht fassen.
Ich danke dir, dass du mich so wunderbar gemacht hast.

aus Psalm 139

> Heißt das, dass Gott immer sieht, was wir machen? Das muss ja nicht immer so sein …

> Ich habe manchmal das Gefühl, dass Gott ganz schön weit weg ist und gar nicht sieht, was die Menschen alles so tun auf der Erde!

Das ist eine schwierige Sache mit Gott. Kann man spüren, dass Gott einem nahe ist? Hast du auch das Gefühl, dass Gott manchmal ganz fern ist?

Bin ich nur ein Gott, der nahe ist,
spricht der Herr,
und nicht auch ein Gott, der ferne ist?

Jeremia 23,23

Wie Menschen sich Gott vorstellen …

Die Blinden und die Sache mit dem Elefanten

In einer großen Stadt waren alle Einwohner blind. Eines Tages besuchte ein König dieses Gebiet und lagerte mit seinem Gefolge in der Wüste vor der Stadt. Er besaß einen großen Elefanten, den alle Menschen bewunderten, die ihn sahen.
Auch die Blinden wollten den Elefanten kennen lernen, und eine Anzahl von ihnen eilte zu ihm, um seine Gestalt und Form festzustellen. Da sie ihn ja nicht sehen konnten, tasteten sie ihn mit ihren Händen ab. Jeder berührte irgendeines seiner Glieder, gewann davon eine Vorstellung und bildete sich ein, etwas zu wissen, weil er einen Teil fühlen konnte.
Als sie in die Stadt zurückkehrten, erzählten sie den neugierigen und zurückgebliebenen Menschen etwas über das Aussehen und die Gestalt des Elefanten:

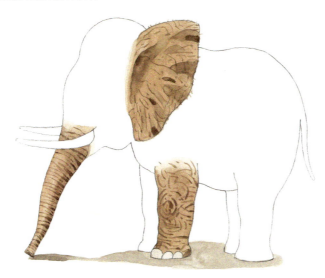

Einer, der das Ohr des Elefanten betastet hatte, meinte: „Er ist ein großes raues Etwas, breit und weit wie eine Decke."
Einer, der den Rüssel betastet hatte, meinte: „Er ist lang und innen hohl, wie eine Röhre."
Und der, der die dicken Beine gefühlt hatte, sprach: „Soweit ich erkennen konnte, ist er mächtig und fest wie eine Säule."

Legende nacherzählt von Rainer Oberthür

Was hat diese Geschichte mit unserer Vorstellung von Gott zu tun?

Wer bin ich? – Wer ist Gott? 7

Wie Gott sich dem Mose vorstellt

Lest die Geschichte von der Berufung Moses nach.

Was sagt dieser Text über Gott aus?

Als Mose berufen wird, das Volk aus Ägypten herauszuführen, fragt Mose Gott nach seinem Namen:

„Ich bin JHWH:

Ich bin der, der ich bin,

ich war, der ich war,

ich werde sein, der ich sein werde.

Ich bin da.

Ich bin bei dir."

nach 2. Mose 3

Wie kann ich spüren, dass Gott da ist?

Manchmal spüre ich:
Gott, du hältst mich fest an der Hand, du beschützt mich,
ich fühle mich sicher und geborgen.

Welche Fragen habe ich an Gott?

Warum streiten Menschen miteinander?

Warum gibt es Kriege?

Warum müssen Menschen sterben?

Warum müssen so viele Menschen hungern?

Aber manchmal bin ich unsicher:
Warum hilfst du mir nicht, Gott, wenn ich dich bitte?
Warum ist so Vieles auf der Welt nicht in Ordnung?

*Schreibt einen Brief:
Welche Fragen ich Gott stellen würde ...
Findet ihr Antworten?*

Wie ist das mit dem Tod?

Meine Zeit steht in deinen Händen.

Psalm 31,16a

Die Schritte

Klein ist, mein Kind, dein erster Schritt,
klein wird dein letzter sein.
Den ersten gehn Vater und Mutter mit,
den letzten gehst du allein.

Seis um ein Jahr, dann gehst du, Kind,
viel Schritte unbewacht,
wer weiß, was das dann für Schritte sind
im Licht und in der Nacht?

Geh kühnen Schritt, tu tapfren Tritt,
groß ist die Welt und dein.
Wir werden, mein Kind, nach dem letzten Schritt
wieder beisammen sein.

Albrecht Goes

Traurigsein

Tabea hat ihre Uroma sehr lieb.
Sie heißt Anna Stiller und lebt nicht mehr.
Tabea ist darüber sehr traurig.
Viele gute Erinnerungen an ihre Uroma helfen Tabea in ihrem Traurigsein:

Sprecht darüber, wie Menschen trauern.

Uroma Anna Stiller
geboren am: 13.6.1920
gestorben am: 21.4.2004

Tabea hat ein Foto ihrer Uroma auf eine Karte geklebt. Dazu hat sie den Geburts- und Todestag geschrieben.
Die Karte hat Tabea auf ihrem Schreibtisch stehen.
Tabea bringt ihrer Uroma einen Brief zum Friedhof:

Liebe Uroma,
ich hoffe, dass es dir im Himmel gefällt, wenn du da bist.
Deine sehr traurige Urenkeltochter Tabea

Wie ist das mit dem Tod?

Leben und Tod

Tabea erzählt:
Wenn ich meine Uroma besucht habe,
haben wir viel zusammen gelacht.
Sie erzählte mir gern Geschichten aus ihrem Leben.
Viele davon waren interessant.

Auf meine Fragen hatte meine Uroma meist eine Antwort.
Wenn sie auch nicht weiterwusste, überlegten wir gemeinsam.
Wir haben oft miteinander nachgedacht.
Wir hatten auch viel Spaß zusammen.

Aber dann ging es ihr schlecht.
Meine Uroma wurde sehr krank. Erst haben wir sie gepflegt.
Später musste sie in ein Krankenhaus.
Dort habe ich sie oft besucht.
Dort ist sie gestorben. Sie ist nicht mehr bei mir.
Darüber bin ich sehr traurig.
Meine Uroma fehlt mir.

Auf der Beerdigung hat der Pfarrer gesagt:

Meine Zeit steht in deinen Händen.

Psalm 31,16 a

Darüber muss ich erst nachdenken – allein.

Einige Zeit ist vergangen.
Jetzt verstehe ich, dass es wohl besser für meine Uroma ist.
Meine Eltern und Großeltern haben mir immer wieder gesagt,
dass Uroma jetzt von ihren Schmerzen erlöst ist.

Ich kann aber immer noch gut mit ihr reden.
Ich kann ihr schreiben.
Und ich besuche sie auf dem Friedhof.

Tabea hat eine Trauer-Kiste mit kleinen Erinnerungsstücken an ihre Uroma angelegt. Was würdest du im Gedenken an einen lieben Menschen aufbewahren?

Wie ist das mit dem Tod?

Nele fragt

Fragst du auch?

Was kommt nach dem Tod?
Was wird mit mir passieren, wenn ich sterbe?
Was wird mit meinem Ich, mit mir selbst, mit meiner Seele?
Werde ich alle Menschen wieder sehen,
die ich auf der Erde kannte?
Werde ich im Himmel sein, bei Gott sein, und wenn ja,
was heißt das eigentlich genau?

Das sind Fragen, die ich meistens beiseiteschiebe, die mich aber manchmal sehr bedrängen und die mir immer zu groß für eine einfache Antwort erscheinen. Wenn ich diese Fragen stelle, sind mir die Antworten der Erwachsenen eigentlich jedes Mal zu lang.
Ich will darauf keinen Redeschwall aus beruhigenden Worten.
Nein, nur die Fragen stellen und erfahren, dass die Großen auch noch diese Fragen stellen und an diesen Fragen genauso zu knabbern haben:
Das reicht mir eigentlich!

Rainer Oberthür

Welche Fragen zum Tod hast du?

Menschen denken unterschiedlich:

Der Tod macht mir Angst.

Ich glaube, dass ich nach dem Tod bei Gott im Himmel bin.

Gott hat uns versprochen, so, wie er Jesus auferweckt hat, auch mir neues Leben zu schenken.

Wie ist das mit dem Tod?

Das Leben will gelernt sein
Was können wir tun?

Warum streiten wir miteinander?

Kennt ihr solche Situationen? Wie entwickelt sich ein Streit?

Wie ein Streit beginnen kann:
… der hat mir etwas weggenommen!
… die hat meine Mutter beleidigt!
… die erzählt immer Lügen über mich!
… der hat mich so doof angeguckt!
… die hat mich in der Pause angerempelt!
… der hat mich nicht zum Geburtstag eingeladen!
… der gibt immer so an und will immer recht haben!

Solche Sätze gehen unter die Haut. Wie fühlen sich die Betroffenen? Welche Folgen können diese Sätze haben?

Streit kann wehtun, besonders, wenn man mit Fäusten aufeinander losgeht. Manchmal können aber auch Worte wehtun! So spricht der „Fertigmacher":

Fallen euch dazu Beispiele ein?

Aber es gibt auch Dinge, über die es sich zu streiten lohnt!

Warum ist vertragen schwer?

Es ist oft leichter, einen Streit anzufangen, als ihn wieder zu beenden. Manche denken:

- Wer nachgibt, ist ein Schwächling!
- Man darf sich nichts gefallen lassen!
- Man muss sich durchsetzen!

Um einen Streit zu beenden, können uns Regeln und Abmachungen helfen.
In manchen Klassen spielen die Schüler ein Versöhnungsspiel: Die Streitenden setzen sich zusammen an einen Tisch, auf dem ein verknotetes Seil liegt. Gemeinsam entwirren sie das Knäuel. Wenn sie einen Knoten lösen, sagen sie ihrem Gegenüber, warum sie sich geärgert haben.
So spricht der „Aufbauer":

- Du siehst heute einfach super aus!
- Gut, dass du da bist, ohne dich hätten wir das nicht geschafft!

Warum ist es so schwer nachzugeben? Hat das gemeinsame Lösen der Knoten überhaupt etwas mit dem Streit zu tun? Welche Regeln können euch helfen, Streit zu beenden?

Entwerft ein großes Plakat für die Klasse: Sätze, die aufbauen und Mut machen.

Wie eine gelbe Blume

Es war lange Frieden gewesen in jenem fernen Land. Zu lange wohl. Die Menschen nahmen ihn einfach hin wie Brot oder Kartoffeln. Und wer denkt schon über Brot und Kartoffeln nach?

Mit dem Krieg war es anders. Der trug Federn im Haar und ließ Fahnen flattern. Trommeln und Trompeten spielten. Ja, der Krieg war voll Ruhm und Glanz. Woher die Leute das wussten? Aus Geschichten natürlich. Was konnte man da alles lesen von tapferen Männern, die wegliefen aus dem grauen Einerlei des Alltags – mitten hinein ins Abenteuer. Auch die Großväter erzählten Geschichten von einem großen Krieg, von einer großen Zeit, in der das Leben ein Abenteuer war.

Frieden dagegen war nur ein Wort. Ein Wort wie Wohlstand. Ein Wort wie Schokolade und Erdbeertorte. Ein Wort wie Gleichgültigkeit. Doch er dauerte nicht ewig. Aus dem Frieden wurde ein neuer Krieg. Er kam über Nacht, und es war kein Ruhm und kein Glanz dabei. Denn ein Krieg, den man am eigenen Leib spürt, ist anders als einer, den die Erinnerung verklärt. Mit Hunger und Kälte hat er zu tun. Mit Panzern und Bomben. Mit Tränen um Menschen, die man lieb hat. Männer kämpften gegeneinander, Bomben fielen auf Städte und Menschen. Verwundete schrien. Nur die Toten schwiegen.

Und eines Tages, da starb der Krieg und war vorbei. So plötzlich, wie er begonnen hatte. Wer noch lebte, kehrte zurück nach Hause und stand vor lauter Trümmern. Da kam ein Bub aus seinem Kellerloch heraus. Der schaute in den Himmel, aus dem keine Bombe mehr fiel. Dann sah er die kleine gelbe Blume, die unbekümmert inmitten der Trümmer blühte.

„Es ist Frieden", sagte er. „Man muss dem Frieden helfen, dass er wächst." Und er legte beide Hände um den gelben Huflattich, als ob er ihn beschützen wollte.

Da kam auch ein Mädchen, das war dreckig und mager. „Weißt du, wie der Frieden aussieht?", fragte sie. „Wie eine kleine gelbe Blume", sagte der Bub.

Das Mädchen lächelte. „Für dich ist er eine Blume in lauter Trümmern", sagte sie. „Für mich ist er ein Ziegel, der unzerstört blieb. Wie der eine dort hinten, genauso."

Das war das erste Gespräch über den Frieden in jenem Land.

Eva von Marder

Welche Ursachen kann es für Krieg geben? Welche Folgen hat er?

Warum gibt es Kriege?

An alle Kinder der Welt
Ich will, dass ihr von unserem Leid wisst, von den Kindern in Sarajewo.
Während ihr eure Früchte esst und eure süße Schokolade und Bonbons, reißen wir hier das Gras aus, um zu überleben.
Während ihr im Kino sitzt oder schöne Musik hört, rennen wir in die Keller und hören das schreckliche Heulen der Granaten.
Während ihr lacht und Spaß habt, weinen wir und hoffen, dass dieser Terror rasch vorübergeht.
Während ihr Licht und warmes Wasser genießt und in der Badewanne sitzt, beten wir zu Gott um Regen, damit wir etwas zum Trinken haben.
Ich bitte euch im Namen der Kinder Bosniens, lasst niemals zu, dass bei euch so etwas passiert oder irgendwo in der Welt.

Edina, 10 Jahre aus Sarajewo

Krieg bedeutet: Menschen schießen auf Menschen. Unzählige leiden und sterben. Häuser, Schulen, Straßen, Krankenhäuser, Fabriken … werden zerstört.
Krieg bedeutet: Alles, was das Leben schön macht, hört auf!

Ein Gebet aus dem Mittelalter:

Herr, mache mich zum Werkzeug deines Friedens:
Dass ich Liebe übe, wo man sich hasst,
dass ich verzeihe, wo man sich beleidigt,
dass ich verbinde, da wo Streit ist,
dass ich die Wahrheit sage, wo der Irrtum wohnt.

Franz von Assisi

Es ist schwer zu verstehen, warum Menschen immer wieder Kriege machen. Ein Krieg hat nur Verlierer.

Wie können Menschen zu einem Werkzeug des Friedens werden?

Warum gibt es so viel Leid?

Auf manche dieser Fragen gibt es keine Antworten!
Viele Menschen fragen auch:

Warum lässt Gott das Leid in der Welt zu?

Ein Gebet aus der Bibel:

Gott, warum hältst du nicht zu uns?
Warum schläfst du?
Wach auf und vergiss uns nicht für immer!
Warum schaust du nicht hin,
wenn wir leiden und gequält werden?
Denn unsere Seele liegt im Staube und unser Körper ist am Boden zerstört.
Mach dich auf, hilf uns und erlöse uns!

nach Psalm 44

Ist Gott verantwortlich für das Leid auf der Welt? Diese Frage stellen sich Menschen seit langer Zeit. Viele sagen: Wir können etwas gegen das Leid auf der Welt tun!

Was Menschen gegen das Leid tun

In jeder Stadt gibt es Menschen, die Tag und Nacht am Telefon für die Sorgen anderer Menschen da sind.

Verschiedene diakonische Einrichtungen bemühen sich besonders um behinderte, kranke und alte Menschen.

Hilfsorganisationen wie Unicef versuchen besonders, den Kindern in Kriegsgebieten zu helfen.

Die Aktion „Brot für die Welt" führt Hilfsprojekte durch.

Viele kleine Leute an vielen kleinen Orten, die viele kleine Schritte tun, können das Gesicht der Welt verändern.

Afrikanisches Sprichwort

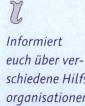

Informiert euch über verschiedene Hilfsorganisationen und macht eine Ausstellung über diese.

Warum müssen Kinder unter Hunger und Ungerechtigkeit leiden?

Razia, ein Mädchen aus Pakistan erzählt:

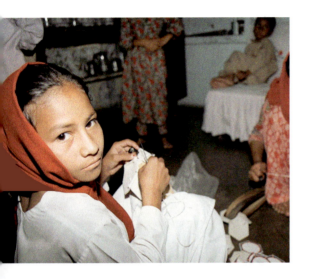

Ich heiße Razia Kubra und bin 13 Jahre alt. Ich wohne mit meiner Mutter und meinen drei Schwestern in einem Dorf in der Nähe der großen Stadt Sialkot in Pakistan. Seit zwei Jahren nähe ich Fußbälle. Ein Mann bringt uns die Fußballteile nach Hause. Wir müssen 32 Teilstücke zusammennähen. Meine kleine Schwester wachst die Fäden ein, damit sie besser laufen und die Bälle wasserdicht sind. Eine Blase mit Ventil ist an einem Teilstück angeklebt. Das ist das wichtigste Innenteil. 690 Stiche sind zu machen – dann ist der Ball fertig.

Am Schluss kommt der komplizierte „Blinde Stich", um den Ball zu schließen. Das kann nur meine Schwester. Dann pumpen wir den Ball auf und lassen ihn eine Zeitlang liegen, um zu überprüfen, ob er dicht ist. Wenn ich schnell arbeite, nähe ich drei Bälle in 7 Stunden und verdiene für jeden Ball 15 Rupiah (das entspricht ungefähr 35 Cent).

Vor drei Jahren starb mein Vater bei einem Verkehrsunfall. Meine ältere Schwester fing mit dem Fußballnähen an, und ich lernte es von ihr. Jeden Tag gehe ich nach der Schule sofort nach Hause und fange mit dem Nähen an. Oft tun mir der Rücken und die Knie weh, weil ich den Ball beim Nähen zwischen die Knie klemmen muss. Manchmal habe ich auch Blasen an den Händen und Kopfschmerzen. Es ist hart, nach Hause zu gehen und gleich zu nähen, aber wir sind arm und können nur so überleben. Ich würde gerne in eine gute Schule gehen, aber das ist zu teuer. Später will ich Lehrerin werden.

i
Suche weitere Informationen über das Leben von Kindern in Pakistan.

Auf der ganzen Welt müssen Kinder arbeiten …

Sie arbeiten in Steinbrüchen, sie weben Teppiche,
sie arbeiten auf Plantagen, sie nähen T-Shirts und Fußbälle.
Sie haben keine Chance in die Schule zu gehen.
Weil sie keine Ausbildung haben,
bekommen sie keine bessere Arbeit.
Weil sie nicht genug Geld verdienen,
sind viele hungrig und krank.

Manche Menschen fragen:

> Was gehen uns die fremden Leute an? Da kann man ja doch nichts tun.

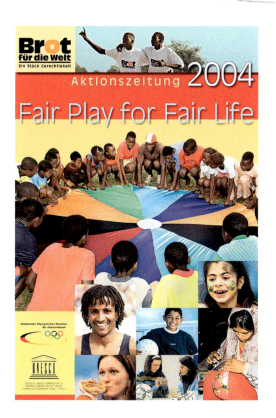

Mit der Aktion „Fair Play for Fair Life 2004" bekräftigt „Brot für die Welt" das Fair-Play-Gebot des Sports und wirbt für gerechtere Spielregeln im Zusammenleben der Menschen weltweit.

Erkundigt euch über diese oder ähnliche Aktionen.

Das Leben will gelernt sein

Kinder haben Rechte

Erklärung der Rechte des Kindes

Ich habe die in den folgenden Abschnitten beschriebenen Rechte, egal welche Farbe meine Haut hat, aus welchem Land ich komme, zu welchem Glauben ich mich bekenne oder ob ich ein Junge oder ein Mädchen bin:

Ich habe das Recht, …

1. … dass man mich vor Grausamkeiten schützt und dass man mich weder vernachlässigt noch ausnützt.

2. … dass man mich vor Verfolgung schützt und dass ich in einer friedlichen und freundschaftlichen Welt zu leben lerne.

3. … dass meine Eltern mich gern haben, dass man mir Verständnis entgegenbringt und dass man für mich sorgt.

4. … gratis in die Schule gehen zu dürfen und danach spielen und mich erholen zu können.

5. … dass man mir bei Katastrophen und Notfällen sofort hilft.

6. … dass ich genügend Nahrung, eine Wohnung und ärztliche Betreuung erhalte.

7. … einen Namen zu bekommen und in einem Land aufzuwachsen, in dem ich zu Hause bin.

8. … in einer Umgebung, in der ich mich wohlfühle, in der ich ernst genommen werde und mich gesund entwickeln kann, aufzuwachsen.

9. … dass man sich besonders um mich kümmert, wenn ich behindert bin.

Konvention der Vereinten Nationen über die Rechte des Kindes von 1989 nach einer Veröffentlichung von amnesty international

Sprecht über die Rechte der Kinder. Gestaltet selbst Plakate zu diesen Rechten.

Menschen haben Vorbilder

Es gibt Menschen, die können etwas, das wir auch gerne können würden. Oder sie tun etwas, das wir gut finden. Einige nehmen sich diese Menschen zum Vorbild: Sie eifern ihrem Vorbild nach, sie möchten ihm ähnlich werden.

Martin Luther King war Pastor und lebte vor ungefähr 50 Jahren in Amerika. Damals waren die Afro-Amerikaner stark benachteiligt und sie kämpften für ihre Gleichberechtigung. Auch Martin Luther King setzte sich dafür ein, aber er tat das friedlich. Sein Traum war, dass auf der Welt einmal alle Menschen in Frieden zusammenleben.

Mutter Theresa war Nonne und lebte in Kalkutta, einer sehr armen Stadt in Indien. Gerade die benachteiligten, armen Menschen lagen ihr am Herzen. So arbeitete sie mit ihren Mit-Schwestern bis zum Ende ihres Lebens dafür, das Leben dieser Menschen zu verbessern.

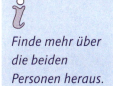
Finde mehr über die beiden Personen heraus.

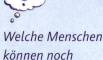
Welche Menschen können noch Vorbilder sein?

Diese Menschen sind für viele andere Menschen zu Vorbildern geworden. Beide haben etwas gemeinsam: Sie handelten aus ihrem Glauben an Gott heraus. Sie waren davon überzeugt, dass er alle Menschen gleich geschaffen hat und gleich liebt. Deshalb setzten sie sich für andere Menschen ein, auch wenn sie belächelt, beschimpft oder bedroht wurden.

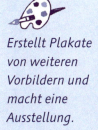
Erstellt Plakate von weiteren Vorbildern und macht eine Ausstellung.

Wir brauchen einander!

*Da ist ein Einzelner, der allein ist.
Er hat weder Sohn noch Bruder und
macht sich doch Mühe ohne Ende,
und sein Auge wird nicht satt am Reichtum.
Zwei sind besser dran als einer.
Sie haben doch einen guten Lohn für ihre Mühe.
Wenn einer fällt, so hilft ihm der andere auf.
Wehe dem, der alleine ist!
Wenn er fällt, ist kein anderer da, ihm aufzuhelfen.
Ein Einzelner kann überwältigt werden,
zwei können widerstehen und eine dreifache Schnur
reißt nicht leicht entzwei.*

nach Prediger 4,8–12

Auch wenn wir wissen:
Die Welt ist nicht so, wie wir sie uns wünschen.
Wir brauchen Träume, Wünsche und Hoffnung für diese Welt,
damit sie eine bessere Welt werden kann.

Lass uns eine Welt erträumen

Text und Musik: Gerhard Schöne

2. Lass uns eine Welt erträumen, wo man singt und lacht,
   wo die Traurigkeit der andern selbst uns traurig macht,
   wo man, trotz der fremden Sprache, sich so gut versteht,
   dass man alle schweren Wege miteinander geht.

3. Lass uns eine Welt erträumen, wo man unentwegt
   Pflanzen, Tiere, Luft und Wasser wie einen Garten pflegt.
   Wo man um die ganze Erde Liebesbriefe schreibt,
   und dann lass uns jetzt beginnen, dass es kein Traum bleibt.

Vergleicht den Text mit dem Traum des Propheten Jesaja 11 (auf Seite 37).

Gestalte diese Träume und schreibe selber Texte dazu.

Das Leben will gelernt sein

Schöpfung: Geschenk und Aufgabe

Gottes Schöpfung und unsere Verantwortung

Die Welt ist schön und geheimnisvoll

Wenn wir unsere Welt betrachten, können wir staunen:
Wie groß und weit der Himmel ist!
Wie schön und hell die Sonne ist!

Wir Menschen erforschen die Erde und den Himmel.
Wir fragen:
Wie groß ist das Universum?
Wie viele Sterne und Planeten gibt es?
Wir wollen uns ein Bild von unserer Erde und unserer Welt machen.

Heute wissen wir:
Die Erde ist ein runder Planet in einem Sonnensystem mit neun Planeten.
Unser Sonnensystem ist Teil der Milchstraße, einer Galaxie.
Es gibt Milliarden Galaxien.
Wir kennen nur einen Bruchteil der Welt.
Die Welt ist unendlich groß!

*Was wisst ihr über unsere Welt?
Bringt Bücher mit und macht eine Ausstellung.*

Schon früher haben sich die Menschen ein Bild von der Erde gemacht.
Vor über 2000 Jahren haben sie sich die Welt so vorgestellt:

Warum haben die Menschen gemeint:
- Die Erde ist eine Scheibe und steht auf Säulen?
- Über dem Himmel und unter der Erde sind große Ozeane?
- Sonne, Mond und Sterne sind am Firmament befestigt?

Auch wenn sich die Vorstellungen der Menschen über die Welt ändern, manche Fragen bleiben gleich:

Warum lebt der Mensch auf der Erde?

Wie ist die Welt entstanden?

Welche Fragen stellst du dir?

Schöpfung: Geschenk und Aufgabe

Vor langer Zeit in Babylon …

Babylon war die Hauptstadt des ehemaligen babylonischen Reiches. Es lag im heutigen Irak.

Wir machen eine Zeitreise über 2000 Jahre zurück ins Jahr 550 v. Chr. nach Babylon. Seit mehr als 30 Jahren leben die Israeliten nun schon als Gefangene hier. Sie müssen für die Babylonier arbeiten und Tempel und Dämme gegen die Überschwemmungen errichten. Wir befinden uns im Haus des Israeliten Micha. Er wartet auf seinen Sohn Joel:

Micha: Na endlich kommst du nach Hause, Joel! Wo warst du denn?

Joel: Ich war noch bei meinem Freund Anu.

Micha: Aber du weißt doch, dass Anu ein Babylonier ist!

Joel: Und wenn schon, er ist sehr nett und er kann immer so schöne Geschichten erzählen. Heute hat er mir von dem Gott Marduk erzählt.

Micha: Aber du weißt, dass die Babylonier an viele Götter glauben, sie glauben, dass Marduk der höchste Gott ist und gegen die Göttin Tiamat gekämpft hat, die sich in einen riesigen Giftdrachen verwandelt hat. Aus ihrem toten Leib hat er den Himmel und die Erde gemacht. Sie glauben, dass die Menschen Sklaven der Götter sind und für sie arbeiten müssen. Sie glauben sogar, dass die Sterne und Sonne und Mond Götter sind, vor denen man Angst haben muss.

28 Schöpfung: Geschenk und Aufgabe

Joel: Anu hat mir auch erzählt, dass sie ein großes Fest für ihren Gott Marduk feiern, dann tragen sie große Standbilder und bitten im Tempel darum, dass Marduk sie vor den Überschwemmungen schützt. Das muss ein ganz tolles Fest sein. Ich wär so gern dabei.

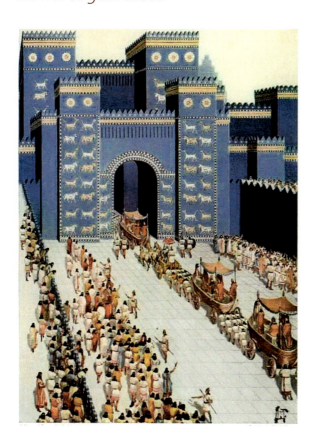

Micha: Joel, wir Israeliten glauben nur an einen einzigen Gott. Wir glauben, dass er die Welt und den Menschen geschaffen hat und es gut mit uns meint.

Joel: Aber warum können wir die Geschichte von der Schöpfung nicht auch so schön erzählen …

Lest den Text mit verteilten Rollen.

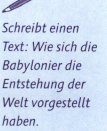

Schreibt einen Text: Wie sich die Babylonier die Entstehung der Welt vorgestellt haben.

Schöpfung: Geschenk und Aufgabe

Das Lied von der Schöpfung

Die israelitischen Priester schreiben die Geschichte von der Schöpfung auf:

*Am Anfang schuf Gott Himmel und Erde.
Und die Erde war wüst und leer.
Und Gott sprach: Es werde Licht.
Und es wurde Licht.
Und Gott sah, dass das Licht gut war.
Da trennte Gott das Licht von der Finsternis und
nannte das Licht Tag und die Finsternis Nacht.
Und es wurde Abend und Morgen: Ein erster Tag.*

*Und Gott sprach:
Es werde ein festes Gewölbe zwischen den Wassern.
Da machte Gott ein festes Gewölbe und
trennte das Wasser darunter von dem Wasser darüber.
Und es geschah so. Gott nannte das feste Gewölbe Himmel.
Und es wurde Abend und Morgen: Ein zweiter Tag.*

*Und Gott sprach:
Das Wasser sammle sich unter dem Himmel
an besonderen Orten, dass man das Trockene sehe.
Und es geschah so.
Und Gott nannte das Trockene Erde,
und das Wasser nannte er Meer.
Und Gott sah, dass es gut war.
Und Gott sprach:
Die Erde lasse Gräser, Sträucher und Bäume wachsen.
Und es geschah so.
Und Gott sah, dass es gut war.
Und es wurde Abend und Morgen: Ein dritter Tag.*

*Und Gott sprach: Es sollen Lichter am Himmel werden.
Und es geschah so. Gott machte zwei große Lichter:
Ein großes Licht, das den Tag regiert,
und ein kleineres, das die Nacht regiert,
dazu auch die Sterne.
Und Gott sah, dass es gut war.
Und es wurde Abend und Morgen: Ein vierter Tag.*

*Und Gott sprach: Das Wasser soll von lebendigen Tieren
wimmeln, und Vögel sollen auf der Erde fliegen.
Und Gott schuf große Walfische und die Tiere im Wasser.
Und erschuf alle Vögel.
Und Gott sah, dass es gut war.
Und es wurde Abend und Morgen: Ein fünfter Tag.*

*Und Gott sprach: Die Erde bringe lebendige Tiere hervor.
Und es geschah so. Und Gott machte die Tiere des Feldes,
das Vieh und alles Gewürm des Erdbodens.
Und Gott sah, dass es gut war.
Und Gott sprach: Lasst uns Menschen machen nach
unserem Bilde, das uns ähnlich ist.
Und Gott schuf den Menschen nach seinem Bilde.
Und er schuf sie als Mann und Frau.
Und Gott segnete sie und sprach zu ihnen:
Seid fruchtbar und vermehrt euch und füllt die Erde.
Und es geschah so.
Gott sah an alles, was er gemacht hatte, und siehe,
es war sehr gut.
Und es wurde Abend und Morgen: Ein sechster Tag.*

*Gott segnete den siebenten Tag und
heiligte ihn, weil er an ihm ruhte von seinem Werk,
das er geschaffen und vollbracht hatte.*

nach 1. Mose 1 und 2,1–4

Siehe, es war sehr gut!

Die Priester haben das Lied von der Schöpfung aufgeschrieben.
Sie wollen sagen:
Die ganze Welt ist die Schöpfung unseres Gottes.
Gott hat seine Schöpfung gut gemacht.
Der Mensch ist kein Sklave Gottes, sondern sein Gegenüber.
Er darf sich an der Schöpfung freuen, er braucht keine Angst zu haben.

Betrachte das Bild und ordne die Schöpfungswerke den ersten sechs Tagen auf Seite 30/31 zu. Der siebente Tag der Schöpfung ist im Bild nicht dargestellt.

32 Schöpfung: Geschenk und Aufgabe

Lob des Schöpfers

Gott, du bist groß;
schön bist du wie die Sonne und wie der blaue Himmel.
Himmel und Erde gehören dir.
Wie ein Zeltdach hast du den Himmel ausgespannt,
darunter steht die Erde fest in den Wassern der Meere.
Du lässt Wasser in den Tälern quellen,
dass sie zwischen den Bergen dahinfließen und alle Tiere des Feldes trinken.

An den Ufern sitzen die Vögel und singen unter den Zweigen.
Vom Himmel schickst du Regen herab auf die Berge.
Du lässt Gras wachsen für die Tiere.
Pflanzen, die der Mensch anbaut, lässt du gedeihen, damit die Erde ihm Nahrung gibt.
Du hast den Mond gemacht, um das Jahr einzuteilen.
Du ordnest den Lauf der Sonne, damit es Tag und Nacht wird.
Herr, wie zahlreich sind deine Werke!
Mein Leben lang will ich dem Herrn danken.

nach Psalm 104

Auch der Psalm erzählt von der Schöpfung Gottes.

Vergleiche den Psalm mit dem Lied der Priester (Seite 30/31). Schreibe ihn auf ein Schmuckblatt und gestalte ihn.

Schöpfung: Geschenk und Aufgabe

Ein neues Lied der Schöpfung

Der Mönch Franz von Assisi hat im 12. Jahrhundert gelebt.

Der Sonnengesang von Franz von Assisi

Gelobet seist du, mein Herr, mit all deinen Geschöpfen,
besonders dem Herrn Bruder Sonne,
welcher der Tag ist und durch den du uns leuchtest.
Gelobt sei mein Herr durch Schwester Mond und die Sterne,
im Himmel hast du sie befestigt, strahlend und schön.
Gelobt sei mein Herr durch Bruder Wind und durch Luft und
Wolke und Klarheit und alle Wetter, durch die du deinen
Geschöpfen Erhaltung gibst.
Gelobt sei mein Herr durch Schwester Wasser, die sehr nützlich
und kostbar ist.
Gelobt sei mein Herr durch Mutter Erde, die uns erhält und
regiert und verschiedene Früchte hervorbringt mit farbigen
Blumen und Gras.

Gott für seine Schöpfung danken: **Laudato si**

Sei gepriesen, du hast die Welt geschaffen,
sei gepriesen für Sonne, Mond und Sterne,
sei gepriesen für Meer und Kontinente,
sei gepriesen,
denn du bist wunderbar, Herr!

Was bedeutet es für unseren Umgang mit der Schöpfung, wenn das Wasser unsere Schwester und die Erde unsere Mutter ist?

Das Leid in der Schöpfung

Gott hat die Schöpfung gut gedacht.
Was hat der Mensch daraus gemacht?
Gottes Schöpfung leidet:
Die Tiere
Die Pflanzen und Bäume
Die Luft
Das Wasser
Die Erde:

Alle Dinge sind miteinander verbunden.
Was die Erde befällt, befällt auch die Geschöpfe der Erde. Der Mensch schuf nicht das Gewebe, er ist darin nur eine Faser. Was immer ihr dem Gewebe antut, das tut ihr euch selber an.

nach einer alten Indianerrede

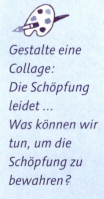

*Gestalte eine Collage:
Die Schöpfung leidet ...
Was können wir tun, um die Schöpfung zu bewahren?*

Verantwortung für die Schöpfung

Betrachte das Bild und finde heraus, wo sich die Menschen falsch verhalten.

Stellt Regeln auf: Was können wir tun, um die Umwelt zu schützen?

Der Traum vom Frieden in der Natur

*Der Wolf wird beim Lamm zu Gast sein
und der Panther bei den Böcken lagern.
Rind und Löwe werden miteinander weiden,
ein kleiner Knabe kann sie führen.
Die Kuh und die Bärin werden sich befreunden
und ihre Jungen miteinander spielen.
Der Löwe wird Stroh fressen wie der Ochse.
Der Säugling wird am Loch der Otter spielen,
und das Kind seine Hand in das Versteck der Natter stecken.*

nach Jesaja 11,6–8

In diesem „Traum von einer besseren Welt" gibt es vieles zu entdecken. Was wird Traum bleiben in dieser Dichtung, was ließe sich verwirklichen? Wie würdet ihr euch eine schönere Welt vorstellen?

Malt gemeinsam „Wunschbilder"

Schöpfung: Geschenk und Aufgabe

Bund Gottes mit den Menschen

Gott schließt einen Bund mit den Menschen – Noah

Naturkatastrophen

Immer wieder erleben Menschen große Katastrophen in der Natur, die ihr Leben gefährden. Sie machen ihnen große Angst. Flüsse treten über ihre Ufer, das Meer kommt über die Deiche. Ganze Dörfer und Städte werden überflutet, Tiere und Menschen ertrinken.
Starke Erdbeben lassen Häuser zusammenstürzen und begraben Menschen unter sich. Vulkane spucken glühende Lava aus und zerstören alles um sich herum. Riesige Wälder werden durch Feuer vernichtet.

Immer wieder haben Menschen darüber nachgedacht: Werden solche Katastrophen das Leben auf der Erde zerstören?
Warum passiert so etwas immer wieder?
Warum passiert es uns?
Was können wir dagegen tun, was kann uns schützen?
Was haben wir getan, dass dieses Unglück über uns hereinbricht?
Womit haben wir das verdient?
Soll das eine Strafe, ein Denkzettel für uns sein?

abc
*Hast du in letzter Zeit von Naturkatastrophen gehört oder welche gesehen? Erzählt einander davon.
Fallen dir noch andere Dinge ein, die das Leben von Menschen tief erschüttern?*

Der Regenbogen – Zeichen der Hoffnung

Auch und gerade weil es so viel Unglück auf der Erde gibt, sehnen sich die Menschen nach Frieden, nach Gerechtigkeit und einem Leben in Sicherheit. Ein Zeichen für diesen Wunsch ist der Regenbogen.

So haben verschiedene Menschen und Gruppen den Regenbogen als ihr Motto genommen, um sich für Frieden, Umweltschutz und Gerechtigkeit einzusetzen.

Er verbindet sie alle in ihrem gemeinsamen Ziel das Leben auf der Erde zu schützen und zu erhalten.

Finde heraus, wofür der Regenbogen auf dem Foto steht.

Schon in einer alten Geschichte, die so oder ähnlich bei vielen Völkern erzählt wird, spielt der Regenbogen eine wichtige Rolle. Diese Geschichte handelt von Noah und seiner Familie, die in einer großen Flut gerettet wurden.

Noah

Fragt ihr euch auch manchmal, warum etwas passiert und findet keine Antwort? Schreibt eure Fragen auf und sprecht darüber. Gibt es Gemeinsamkeiten?

„Es regnet immer noch, ich höre, wie das Wasser auf das Dach fällt." „Ach, ich möchte so gerne endlich wieder nach draußen, ich möchte auf Bäume klettern, das Gras unter meinen Füßen fühlen … ich halte es hier drin nicht mehr aus!"
Die Kinder sind unzufrieden. Schon seit vielen Wochen sitzen sie nun alle zusammen in der Arche fest, Menschen und Tiere. Am Anfang war es ja noch ganz aufregend, aber inzwischen sind alle unzufrieden und gereizt.
„Jammert nicht", sagt dann Noah ruhig. Er ist das Oberhaupt der Familie. „Ihr wisst, dass draußen alles unter Wasser steht. Gott möchte uns retten, deshalb hat er mir den Auftrag gegeben die Arche zu bauen. Hier sind wir in Sicherheit."

Alle wissen: Die anderen Menschen und die Tiere, die nicht in der Arche sind, sind ertrunken. Aber verstehen kann das niemand so richtig. Darum fragen die Kinder wieder einmal: „Was haben die anderen Menschen getan, dass sie ertrinken müssen? Und was können die Tiere und Pflanzen dafür? Warum zerstört Gott selbst das, was er erschaffen hat?"
Noah antwortet: „Die Menschen haben Böses getan." Das ist alles, was er dazu sagt.

Die Kinder träumen von ihrem Leben auf der Erde. Male ein Bild davon.

Die Kinder fragen weiter: „Was heißt das? Haben sie andere Menschen bestohlen, haben sie getötet? Haben sie Gott vergessen?" Und: „Sind wir denn bessere Menschen als sie?"
Doch auf ihre Fragen erhalten die Kinder keine Antwort.

Bund Gottes mit den Menschen

Noah erzählt von Gottes Güte

*Schließlich sagt Noah doch etwas:
„Ich kann euch auch nicht erklären, warum die Sintflut kommen musste. All das macht mich genauso traurig wie euch. Aber eines weiß ich: Gott möchte, dass wir am Leben bleiben, wir und die Tiere hier in der Arche! Er möchte, dass seine Schöpfung weiter lebt, dass das Leben weitergeht."
Es ist schwer zu verstehen, was Noah da sagt. Wie kann das Leben weitergehen, wenn ein Großteil davon zerstört ist?
„Es ist so schwer zu glauben, dass Gott es gut mit uns meint", sagt eines der Kinder.
„Das weiß ich", erwidert Noah. „Aber mit der Arche zeigt er es uns. Er hat uns das Leben gerettet und von jedem Tier ein Paar in die Arche geschickt, damit die Erde wieder mit Leben gefüllt werden kann. Ich vertraue auf Gottes Versprechen: Wir werden wieder auf der Erde leben."
Damit ist noch lange nicht alles wieder in Ordnung, die Fragen bleiben. Doch Noahs Vertrauen in Gottes Treue ist für die Kinder Grund, selbst auch wieder Vertrauen zu wagen.
Noah hat die Arche gebaut, obwohl alle ihn deshalb ausgelacht haben! Und das nur, weil Gott ihm den Auftrag gegeben hat. Alles ist so gekommen, wie Gott zu Noah gesagt hat.
So keimt trotz allen Fragen und Enttäuschungen wieder Hoffnung: Gott meint es gut.*

nach 1. Mose 7

Bund Gottes mit den Menschen 41

Wie ist das mit Gott?

Gestalte mit passenden Farben die Gefühle der Kinder.

Das Wasser sinkt

Die Taube ist ein Symbol für den Frieden und für die Hoffnung. Erkläre warum.

Die Menschen in der Arche merken: Das Wasser sinkt! Alle sind aufgeregt. Schließlich geht ein Ruck durch das ganze Schiff. Sie sind auf Grund gelaufen und das bedeutet, dass sie wieder auf festem Boden stehen! Doch noch darf niemand die Arche verlassen. Stattdessen öffnet Noah eine Luke im Dach und schaut hinaus, aber er sieht nur Wasser. „Flieg und finde Land!", sagt Noah dann zu einer Taube und lässt sie fliegen.
Lange bleibt die Taube fort. Als sie schließlich zurückkehrt, hat sie einen Ölzweig im Schnabel. Jetzt weiß Noah: Es gibt wieder Bäume auf der Erde! Es wird nicht mehr lange dauern, dann können alle die Arche verlassen.
Als Noah die Taube ein zweites Mal losschickt, kehrt sie nicht mehr zurück. Sie hat draußen einen Platz zum Leben gefunden.
Nun öffnet Noah den Ausgang für alle. Menschen und Tiere verlassen voll Freude die Arche. Das Leben auf der Erde kann neu beginnen.

nach 1. Mose 8

Wie geht es wohl jetzt Noah und seiner Familie? Spielt die Geschichte vom Losschicken der Taube bis dahin, wo alle die Arche verlassen.

Bund Gottes mit den Menschen

Gottes Bund mit den Menschen

Und Gott segnete Noah und seine Familie und sagte:

Seid fruchtbar und vermehrt euch und füllt die Erde!
Sie wird euch neu anvertraut,
sie und alle Pflanzen und Tiere, die auf ihr leben.
Geht klug damit um!

Heute schließe ich einen Bund
mit euch und euren Nachkommen und allen Tieren:
Niemals wieder wird eine Sintflut kommen,
die das Leben auf der Erde zerstört!
Das verspreche ich.

Als Zeichen für diesen Bund steht der Regenbogen
am Himmel.
Wenn er zwischen den Wolken erscheint,
werde ich an mein Versprechen denken.
Es gilt für euch und alle Lebewesen nach
euch.

nach 1. Mose 9

Welcher Abschnitt gefällt dir am besten?

Schreibe ihn auf und gestalte das Blatt passend. Schreibe Noahs Dankgebet.

Ihr könnt mir vertrauen:

Solange die Erde steht,
soll nicht aufhören Saat und Ernte,
Frost und Hitze,
Sommer und Winter,
Tag und Nacht.

1. Mose 8,22

Alle freuen sich über die Rettung, Sie vertrauen in Gottes Versprechen und danken ihm. Noah baut einen Altar und dankt Gott.

Wir können uns freuen

Merkverse
Das Schönste, was uns die Raumfahrt zeigte,
war die Erde als blauer Stern.
Er ist bewohnbar. Aber verletzlich.

Christine Busta

Die Erde ist der Planet, auf dem wir als Gottes Geschöpfe leben:
Menschen, Tiere, Pflanzen. Der Regenbogen ist ein Zeichen dafür,
dass Gott es gut mit seiner Schöpfung meint.

Unter Gottes Regenbogen

Text und Musik: Bernd Schlaudt

Unter Gottes Regenbogen Schutz und Schirm zu jeder Zeit. Für das Leben auf der Erde, alle Freude und Beschwerde: Gottes Hilfe und Gottes guten Geist.

Zeichne einen großen Regenbogen und schreibe daran Dinge, über die du dich freust und für die du dankbar bist.

Finde weitere Strophen für das Lied.

Bund Gottes mit den Menschen

Gott segnet Jakob

Der Herr segne dich und behüte dich;
er ist für dich da, wo immer du hingehst.

nach 4. Mose 6,24

Jakob und Esau

Die Bibel erzählt, wie Menschen Gottes Segen erfahren haben:

*Isaak und Rebekka bekommen Zwillinge.
Die beiden Jungen heißen Jakob und Esau und sind ganz verschieden.*

*Jakob hat eine glatte Haut,
schwarze Haare und ist von
schmaler Statur.
Er liebt es, bei den Zelten zu
bleiben und die Tiere zu hüten.
Er wird später ein Hirte.*

*Esau ist stark behaart, hat eine raue Haut, rote Haare,
ist kräftig und groß.
Er wird zuerst geboren.
Er streift in den Wäldern umher und wird ein Jäger.*

*Jakob wird von seiner Mutter sehr geliebt,
Esau zieht es mehr zum Vater hin.*

nach 1. Mose 25

Gestalte die ungleichen Zwillinge.

Das Linsengericht

*Einmal kocht Jakob gerade ein Linsengericht,
als Esau müde und hungrig vom Feld kommt.
Er bittet Jakob:
„Gib mir etwas von deinem Essen! Ich verhungere sonst!"
Jakob stellt eine Bedingung:
„Dafür will ich dein Erstgeburtsrecht!"
Esau denkt nicht lange nach. Er antwortet: „Was nützt mir das
Erstgeburtsrecht, wenn ich jetzt vor Hunger sterbe?"*

*Später ruft Vater Isaak Esau zu sich:
„Ich bin schon sehr alt, Esau. Ich werde bald sterben.
Ich will dir nun meinen Segen geben.
Zuvor aber bereite mir noch einmal ein Essen zu,
so wie ich es gern habe!"*

*Esau läuft eilig aufs Feld, um für den Vater etwas Wild zu erjagen.
Währenddessen ruft Rebekka, die alles mitgehört hat, Jakob zu
sich: „Schnell, dein Vater will Esau den Segen geben.
Erlege ein Böcklein, damit ich es zubereiten kann.
Dann bringe deinem Vater das Gericht.
Später wird er dich segnen!"*

*Jakob zögert. „Mein Vater wird es merken! Er wird es an meiner
Haut fühlen und an meinen Kleidern riechen!"
Aber Rebekka weiß schon, wie sie den alten und blinden Isaak
hintergehen kann. Kurz darauf betritt Jakob mit Fellen bekleidet
und in einem Gewand von Esau das Zelt des Vaters.*

*Er ruft: „Vater, ich bin es!
Ich bringe dir dein Gericht!"*

*Isaak wundert sich, dass Esau so schnell zurück ist. Auch meint er,
eine andere Stimme gehört zu haben. Er fragt:
„Bist du es, Esau? Komm, lass dich umarmen!"*

nach 1. Mose 25 und 27

Erstgeburtsrecht: Das Recht des Erstgeborenen auf den väterlichen Segen. Mit dem Segen wird Glück, Wohlstand, Gesundheit, Hilfe, ein angenehmes, schönes Leben verheißen. Diesen Segen konnte der Vater nur einmal erteilen. Der Erstgeborene wird später auch das neue Familienoberhaupt.

Gott segnet Jakob

Isaak segnet

*Als Isaak die behaarten Arme seines Sohnes fühlt
und den Geruch seines Kleides vernimmt,
ist er davon überzeugt, Esau vor sich zu haben.
Nachdem er gegessen und getrunken hat,
legt er die Hände auf Jakobs Kopf und spricht über ihn den Segen:*

„Siehe der Geruch meines Sohnes

ist wie der Geruch des Feldes.

Gott hat das Feld gesegnet.

Und so soll er dich segnen!

Reich sollst du sein

und viel Korn und Wein haben!

Völker sollen dir dienen!

Dein Bruder soll sich vor dir verneigen.

Und wer dich segnet,

der soll auch gesegnet sein!"

Danach verlässt Jakob eilig das Zelt.

nach 1. Mose 27

Jakob hat seinen Vater betrogen. Er wollte unbedingt etwas haben, was ihm nicht zustand. Sprecht darüber.

48   Gott segnet Jakob

Segenssprüche

Segne uns mit der Weite des Himmels

Text: Kinderkirchentagteam
Musik: Peter Janssens

1. Segne uns mit der Weite des Himmels, segne uns mit der Wärme der Sonne, segne uns mit der Frische des Wassers, himmlischer Vater, segne uns. Segne, Vater, tausend Sterne, segne, Vater, unsre Erde, segne, Vater, Meer und Land, segne, Vater, Herz und Hand.

Gute Besserung!

VIEL GLÜCK!

SCHÖNE FERIEN!

Gesundheit!

Gesegnete Weihnachten!

Alles Gute zum Geburtstag!

Guten Appetit!

Kennst du noch andere Segenssprüche?

Jakobs Flucht

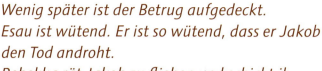

*Wenig später ist der Betrug aufgedeckt.
Esau ist wütend. Er ist so wütend, dass er Jakob
den Tod androht.
Rebekka rät Jakob zu fliehen und schickt ihn
zu ihrem Bruder Laban.
Sie sagt:
„Bleibe dort, bis er sich beruhigt hat!
Vielleicht findest du dort auch eine Frau."*

nach 1. Mose 27

*Jakob ist den ganzen Tag gewandert. Als die Sonne
untergeht, sucht er sich einen Schlafplatz.
Er legt seinen Kopf auf einen Stein und schläft ein.
Bald hat er einen sonderbaren Traum.
Er sieht eine Art Himmelstreppe.
Engel steigen daran hinauf und hinab.
Da hört Jakob eine Stimme:*

„Ich bin es,

der Gott deiner Väter Abraham und Isaak.

Ich bin auch dein Gott.

Ich will dich behüten und beschützen,

wo immer du hingehst.

Das Land, auf dem du liegst, will ich dir

und deinen Nachkommen geben!"

nach 1. Mose 28

*Warum segnet
Gott Jakob?*

50 Gott segnet Jakob

Jakob bei Laban

Am nächsten Morgen zieht Jakob weiter.
Bald wird er freudig auf dem Hof Labans begrüßt.
Der Onkel bietet ihm an, bei seiner Familie zu wohnen.
Jakob will dafür arbeiten.

Viele Jahre später wird er von Laban gefragt,
was er an Lohn für seine Arbeit haben wolle.

Jakob hat sich längst entschieden:
„Ich möchte deine Tochter Rahel zur Frau nehmen."

Nach sieben Jahren wird endlich die Hochzeit
vorbereitet.
Aber am Morgen nach der Hochzeitsnacht
muss Jakob erfahren, dass ihm Laban
nicht Rahel zur Frau gegeben hat,
sondern seine ältere Tochter Lea.
Das ist die Regel: Die Ältere wird
zuerst verheiratet.
Jakob stellt Laban zur Rede.
Laban antwortet ihm:
„Du bekommst Rahel zur Frau.
Aber du musst mir weitere
sieben Jahre dafür dienen!"
So arbeitet Jakob noch einmal
sieben Jahre lang.

Bald ist Jakob der Vater einer großen Familie.

nach 1. Mose 29

Jakob hätte die
Regel beachten
müssen.
Was denkst du
darüber?
Hat Laban sich
richtig verhalten?

Jakobs Heimweg

*Jakob hat nun etwa zwanzig Jahre in einem fremden Land verbracht und möchte wieder nach Hause.
Er sagt:
„Laban, lass mich nach Hause ziehen.
Gib mir meine Frauen und die Kinder mit,
um die ich dir gedient habe."*

nach 1. Mose 30

Laban willigt schweren Herzens ein.
Bald machen sich Jakob und seine Familie, schwer beladene Kamele, Rinder und Schafe auf den Weg nach Hause.
Vor der ersten Begegnung mit Esau hat Jakob Angst.
Er denkt: „Ob Esau mir wohl verziehen hat?"

Lange überlegt er sich, wie er Esau gegenübertreten soll.
Er entscheidet sich, zunächst Boten mit Geschenken vorauszuschicken.
„Und sagt meinem Bruder, sein Knecht Jakob ist wieder zurück.
Bringt Tiere zu Esau, damit dieser nicht mehr zornig ist!"

In der Nacht hat er einen schweren Traum.
Er kämpft gegen einen Mann.
Am Morgen danach weiß er:

Gott hält zu mir.

Er lässt mich nicht allein.

Er hält sein Versprechen.

Gott hat mich gesegnet.

nach 1. Mose 32

Gott segnet Jakob

Die Versöhnung

*Einige Zeit später sieht Jakob seinen Bruder Esau kommen.
Gestärkt und zuversichtlich geht Jakob auf ihn zu.
Dabei verneigt er sich immer wieder.
Esau läuft auf ihn zu, umarmt und küsst ihn.
Beide weinen vor Freude.*

*Dann stellt Esau eine Frage:
„Was willst du mit all den Tieren, die du mir entgegengeschickt hast?"
Jakob antwortet darauf:
„Ich will, dass du mir vergibst!"
Esau aber erwidert:
„Ich habe genug, mein Bruder! Behalte, was du hast.
Wir haben Frieden geschlossen!"*

nach 1. Mose 33

Jakob hat mehrmals Gottes Segen erfahren.
Gott hat ihn auf seinem Weg begleitet.
Gott hat alles zu einem guten Ende geführt.

Gottes Segen können alle Menschen spüren. Wann hast du schon einmal etwas Gutes erfahren?

Gott segnet Jakob

Gott befreit sein Volk

Gott beauftragt den überraschten Mose

Gott rettet und befreit sein Volk

Im Frühling feiern die Juden das Pessach- oder Passafest.
Pessach ist ein fröhliches Fest und doch nicht frei von Trauer.
Die Juden denken dabei an den verwunderlichen Auszug der Israeliten aus Ägypten.
Pessach bedeutet „Überschreiten" aber auch „Verschonung".
Damit wird an das biblische Ereignis erinnert, bei dem der Engel Gottes alle Erstgeborenen der Ägypter tötete.

In der Pessachnacht fragt der jüngste Sohn seinen Vater,
warum diese Nacht anders ist.
Der Vater antwortet dem Sohn:
Wir waren Knechte des Pharao in Ägypten,
und der Herr führte uns aus Ägypten mit mächtiger Hand, um uns
das Land zu geben, wie er unseren Vätern zugesagt hatte.

Israels Unterdrückung in Ägypten

Ein Pharao regiert in Ägypten.
Er sagt zu den Ägyptern: „Von den fremden Israeliten gibt es
immer mehr bei uns. Sie werden in einem fort stärker als wir.
Wir wollen klug gegen sie vorgehen, damit sie nicht immer
mehr werden. Wenn es einen Krieg gibt, können sie zu unseren
Feinden halten und kämpfen dann gegen uns."
Er setzt Aufseher ein, die die Israeliten mit belastenden Arbeiten
beschäftigen.
Die ägyptischen Aufseher treiben die Israeliten zu schwerer
Arbeit an.
Sie müssen Ton kneten, Ziegelsteine formen und harte Feldarbeit
verrichten.
Und doch, je mehr das Volk unterdrückt wird, desto mehr breitet es
sich aus.
Da befiehlt der Pharao seinem Volk: „Tötet die neugeborenen Söhne
der Israeliten, aber ihre Töchter lasst leben!"

nach 2. Mose 1

Gott befreit sein Volk

Gott rettet Mose

*Eine israelitische Familie bekommt einen Sohn,
ein gesundes Kind.
Die Mutter versteckt es drei Monate lang.
Als sie es nicht länger verbergen kann,
fertigt sie ein kleines Kästchen an.
Sie legt ihren Sohn hinein und setzt das Kästchen am Ufer des
Flusses Nil auf das flache Wasser zwischen das Schilfgras.
Mirjam, die Schwester des Kleinen, steht etwas abseits und
beobachtet alles.*

*Da kommt die Tochter des Pharao zum Nil. Sie will baden.
Ihre Dienerinnen begleiten sie.
Das Kästchen fällt ihr auf. Sie bittet eines der Mädchen, es
zu holen.
Als sie das Kästchen öffnet, sieht sie ein weinendes
Kind.
Es tut ihr leid und sie vermutet: „Das ist bestimmt
ein israelitischer Junge."*

*Mirjam kommt schnell dazu und sagt zu der Tochter
des Pharao:
„Soll ich dir eine israelitische Frau rufen, die das
Kind versorgt?"*

*Die vornehme Frau stimmt dem sofort zu.
Mirjam holt ihre Mutter.
Die Tochter des Pharao erklärt ihr: „Nimm das Kind und zieh es auf.
Ich werde dich dafür belohnen."*

*Die Frau nimmt das Kind, versorgt und pflegt es.
Als es groß ist, bringt sie es der Pharaonentochter.
Die nimmt den Jungen als ihr Kind an.
Sie nennt ihn Mose.*

nach 2. Mose 2

Mose
Der Name bedeutet: Ich habe ihn aus dem Wasser gezogen.

Mose muss aus Ägypten fliehen

*Mose wird groß und erwachsen.
Eines Tages schaut er den Israeliten bei der Sklavenarbeit zu.
Ein ägyptischer Aufseher schlägt einen Israeliten, einen von
Moses israelitischen Brüdern. Mose schaut sich nach allen Seiten
um und als er merkt, dass niemand auf ihn achtet, erschlägt er den
ägyptischen Aufseher und verscharrt seine Leiche im Sand.
Der Pharao hört von dem Vorfall und will Mose bestrafen, er will Mose töten.
Mose flieht. Er kommt auf seiner Flucht in ein Land mit dem Namen Midian.
Dort hütete er die Herden von Jitro, dem Priester der Midianiter.*

nach 2. Mose 2

Mose erhält einen Auftrag

*Als Mose eines Tages Schafe und Ziegen von Jitro weidet, kommt er an den
Berg Horeb. Er sieht einen Busch, der in Flammen steht – aber nicht verbrennt.
Mose überlegt dorthin zu gehen und diese außergewöhnliche Erscheinung
anzusehen. Der Dornbusch lodert, aber verbrennt nicht. Mose kommt näher.
Da hört er eine Stimme: „Mose! Mose!" Mose sagt: „Ich bin hier!"
Die Stimme antwortet: „Komm nicht näher heran. Zieh deine Schuhe aus! Der Ort,
auf dem du stehst, ist heiliger Boden. Ich bin der Gott deines Vaters, der Gott
Abrahams, der Gott Isaaks und der Gott Jakobs."
Da verhüllt Mose sein Gesicht, denn er fürchtet sich Gott anzuschauen.
Und Gott sagt zu Mose: „Ich habe das Elend meines Volkes in Ägypten gesehen.
Ich habe das Schreien und das Leid gehört. Ich bin gekommen, sie zu retten. Ich will
sie in ein gutes Land führen. Gehe zum Pharao und sage: Gott sendet mich. Ich soll
sein Volk aus Ägypten führen."
Mose antwortet: „Wer bin ich, dass ich zum Pharao gehe und das Volk Gottes aus
seinem Land führe?" Gott sagt zu Mose: „Ich bin mit dir."
Mose entgegnet: „Ich kann nicht gut sprechen – was soll ich sagen?"
Gott sagt: „Ich will dir helfen in dem, was du sagst. Nimm deinen Bruder Aaron mit.
Der kann reden. Er soll zum Volk sprechen."
Aaron verkündigt dann Gottes Hinweise.
Das Volk glaubt, dass Gottes Hilfe da ist und viele Menschen beten Gott an.*

nach 2. Mose 3–4

Gott befreit sein Volk

Die Israeliten werden befreit

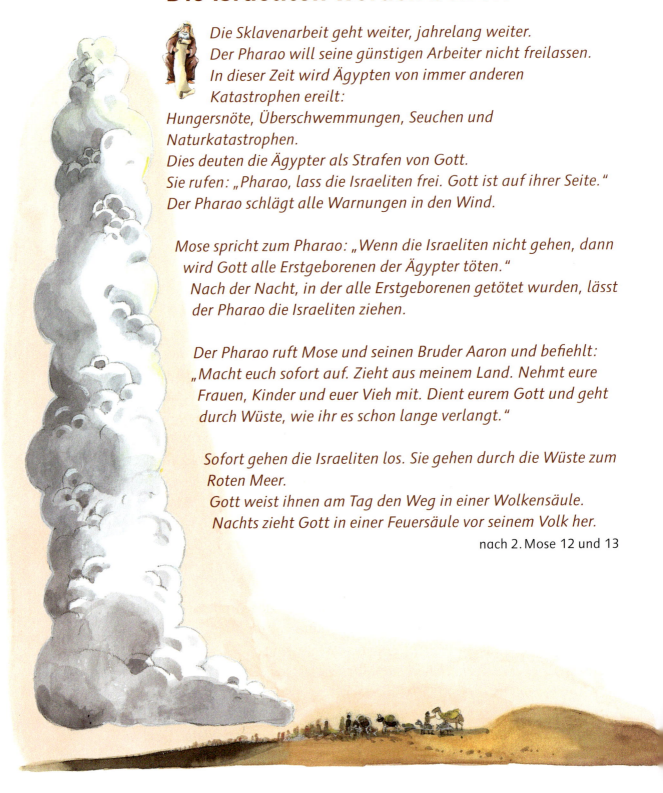

*Die Sklavenarbeit geht weiter, jahrelang weiter.
Der Pharao will seine günstigen Arbeiter nicht freilassen.
In dieser Zeit wird Ägypten von immer anderen Katastrophen ereilt:
Hungersnöte, Überschwemmungen, Seuchen und Naturkatastrophen.
Dies deuten die Ägypter als Strafen von Gott.
Sie rufen: „Pharao, lass die Israeliten frei. Gott ist auf ihrer Seite."
Der Pharao schlägt alle Warnungen in den Wind.*

*Mose spricht zum Pharao: „Wenn die Israeliten nicht gehen, dann wird Gott alle Erstgeborenen der Ägypter töten."
Nach der Nacht, in der alle Erstgeborenen getötet wurden, lässt der Pharao die Israeliten ziehen.*

Der Pharao ruft Mose und seinen Bruder Aaron und befiehlt: „Macht euch sofort auf. Zieht aus meinem Land. Nehmt eure Frauen, Kinder und euer Vieh mit. Dient eurem Gott und geht durch Wüste, wie ihr es schon lange verlangt."

*Sofort gehen die Israeliten los. Sie gehen durch die Wüste zum Roten Meer.
Gott weist ihnen am Tag den Weg in einer Wolkensäule.
Nachts zieht Gott in einer Feuersäule vor seinem Volk her.*

nach 2. Mose 12 und 13

Gott rettet und befreit

Die Schwester von Mose, Mirjam, erzählt: „Wir, das Volk Gottes, sind auf trockenem Boden durch das Meer gegangen, während links und rechts von uns das Wasser wie eine Mauer stand. Deshalb danken wir Gott auf unsere Weise. Mit Trommeln und anderen Instrumenten singen und spielen wir."
Mirjam singt:

„Singt dem Herrn ein Lied,
denn er ist groß und mächtig,
Rosse und Wagen übergab er dem Meer."
Alle Frauen folgen ihr tanzend und spielen dazu mit ihren Instrumenten.

nach 2. Mose 15

Menschen bekennen: Gott ist bei uns

Gott ist unsere Zuversicht und Stärke,
eine Hilfe in Not, die uns getroffen hat.
Wir fürchten uns nicht.
Wenn die Welt untergeht,
wenn die Berge versinken im Meer,
wenn das Wasser uns bedroht,
wir fürchten uns nicht,
Gott ist bei uns.
Gott ist unser Schutz.

nach Psalm 46

Mose erhält Gottes Gebote

Erst werden die Menschen befreit und dann bekommen sie gleich wieder Regeln.

Mose erfährt am Berg Sinai Gottes hilfreiche Gebote für ein befreites Leben. Mose ist lang unterwegs.

Das sind die Zehn Gebote, die Gott ihm mitteilt:

**Ich bin der Herr, dein Gott, der dich befreit.
Du sollst …**

… nicht anderen Göttern glauben.

… dir kein Bild von Gott machen.

… Gottes Namen nicht missbrauchen.

… den Feiertag heiligen.

… deinen Vater und deine Mutter ehren.

… nicht töten.

… nicht ehebrechen.

… nicht stehlen.

… über andere nichts Falsches sagen.

… nicht begehren deines Nächsten Haus, Weib, Knecht, Magd, Vieh oder alles, was sein ist.

nach 2. Mose 20

Welche Gebote findest du für dich heute wichtig?

Ausblick auf ein verheißenes Land

*Das Volk Israel lebt lange auf Wegen und Umwegen
in der Wüste.
Viele schlechte Erfahrungen verbittern die Israeliten
auf ihrem Wüstenweg.
Sie schimpfen, fragen und klagen.*
Aber da ist jemand.
Da ist jemand, der sie versorgt.
Gott versorgt sie in schweren Zeiten des Lebens mit
lebensnotwendiger Nahrung, die Israeliten in ihrer Wüstenzeit
mit Wasser und Brot.
Gott lässt seine Menschen nicht allein.
Er ist da.
Er sagt: „Ich bin, der ich bin."

nach 2. Mose 16

Das Volk Israel gibt es bis heute.
Gott hat dem Volk eine Zukunft mit seiner Hilfe zugesichert.
Er hat seine Menschen befreit und in ein Land geführt, in dem
Milch und Honig für alle bereitstehen.

Suche in deiner Religionsgruppe Verben, mit denen du anzeigen kannst, dass Gott bis heute aktiv ist.

Begegnung mit dem Judentum

Nicht du trägst die Wurzel, sondern die Wurzel trägt dich.

Römer 11,18

Steht in den Zehn Geboten nicht, dass Sonntag eigentlich Ruhetag sein soll?

Ja. Bei den Juden heißt der Ruhetag „Schabbat". Er beginnt jede Woche am Freitagabend und endet am Samstagabend.

Am Schabbat

Schabbat
Ruhetag der Juden

Synagoge
Gotteshaus der Juden

Kippa
Käppchen für den Kopf

Tallit
Gebetsmantel

Tora
Heilige Schrift der Juden

Der Schabbat soll für Gottesdienste und für die Familie frei gehalten werden. In der Synagoge tragen die Männer eine Kippa und legen sich den Tallit um. Im Gottesdienst werden Gebete gesprochen, es wird gesungen und aus der Tora gelesen. Am Schabbat denkt man besonders daran, dass Gott am siebenten Tag der Schöpfung geruht hat.
In der Tora finden sich Gebote, die den Ruhetag schützen sollen. In ihnen steht: Am Schabbat soll man nicht arbeiten, nicht weit gehen oder kein Feuer machen. Viele Familien kochen deshalb am Tag zuvor, halten die Speisen warm und machen es sich zu Hause gemütlich.
Am Freitagabend feiern Juden das Schabbat-Mahl. Es wird der Tisch festlich gedeckt. Nur die Frauen dürfen zwei Kerzen anzünden, den Segen sprechen und die Familie mit „Guten Schabbat" begrüßen. Oft lädt man Freunde zum Essen ein.

Jüdisches Leben

Beim Essen müssen Juden weitere Gebote beachten, die in der Tora stehen. Alle Speisen sollen „koscher", also „rein", sein. Als unrein gilt Schweinefleisch. Auch darf man nichts „Milchiges" und „Fleischiges" zusammen essen.

Im Leben eines Juden gibt es Feste, die besonders gefeiert werden. Zwei davon betreffen Kinder:

Acht Tage nach der Geburt werden Jungen beschnitten und erhalten dabei ihren Namen. Weil schon in der Geschichte von Abraham die Beschneidung erwähnt wird, ist sie für Juden besonders wichtig. Mädchen bekommen den Namen bei einem eigenen Fest.
Mit 13 Jahren wird ein Junge „Bar Mitzwa" – „Sohn der Pflicht". Er ist nun ein Mitglied der Gemeinde mit allen Rechten und Pflichten. Nun darf er auch im Gottesdienst aus der Tora vorlesen. Er erhält einen Gebetsmantel und einen Gebetsriemen.

Mädchen gelten schon mit 12 Jahren für ihre Religion als erwachsen und heißen „Bat Mitzwa – „Tochter der Pflicht". Sie dürfen nun zu Hause die Schabbat-Lichter anzünden und das Tischgebet sprechen.

Überlege, was alles aus Milch und Fleisch gemacht ist und was wir zusammen kochen oder überbacken. Was würde somit alles von deinem Speiseplan wegfallen?

Beschneidung
Die Vorhaut am Glied eines Jungen wird beschnitten.

Die jüdischen Jahresfeste

Gibt es bei uns auch einen Tag, an dem wir über uns und unser Leben nachdenken sollen?

Was würde dir daran Spaß machen, ein paar Tage im Garten oder auf dem Balkon unter einer Laubhütte zu verbringen?

Wenn ihr wollt, könnt ihr in der Bibel im Buch Ester die Geschichte nachlesen.

Der Anfang des Jahres ist das **Neujahrsfest**. Es wird im Herbst gefeiert, denn mit der Ernte war für die Menschen früher das Jahr zu Ende. Wenige Tage nach Neujahr feiern Juden das **Versöhnungsfest.** Viele beten dann den ganzen Tag und essen nichts.

An Neujahr und am Versöhnungsfest soll man darüber nachdenken, was man alles falsch gemacht hat und wie man sein Leben ändern kann.

Gleich nach dem Neujahrsfest feiern Juden sieben Tage lang das **Laubhüttenfest**. Man dankt Gott für die Ernte des Jahres. Aber besonders erinnert man sich daran, dass die Israeliten mit Mose vierzig Jahre durch die Wüste wandern mussten. Deshalb verbringen viele Kinder mit ihren Eltern diese Tage in Laubhütten im Garten oder auf dem Balkon.

Am **Purim-Fest** darf man sich verkleiden. Man erinnert sich an die Geschichte, die von einer Rettung der Juden in Persien berichtet. Diese ist in der Bibel im Buch Ester aufgeschrieben.

In der Geschichte spielt ein Mann mit Namen Haman als Bösewicht eine wichtige Rolle. Um ihn zu vertreiben, dürfen Kinder mit Ratschen und Rasseln viel Lärm machen.

Eines der wichtigsten Feste für Juden ist das **Pessach-Fest**. Es erinnert an die Geschichte von Mose, als Gott die Israeliten aus der Sklaverei in Ägypten befreit hat.

Du kannst die Geschichte von Mose nachlesen (ab Seite 54).

Am Abend vor Pessach wird der Seder-Abend gefeiert. „Seder" heißt „Ordnung" – er läuft immer nach der gleichen Ordnung ab. Der jüngste Sohn darf fragen, was an diesem Abend so besonders ist. Dann erzählt man sich die Geschichte von Mose und der Rettung der Israeliten.

Während des Pessach-Festes darf man kein Brot essen, das mit Sauerteig gemacht wurde. Also wird ungesäuertes Brot gegessen. Es wird „Mazzen" genannt.
Jesus ist kurz vor seinem Tod zum Pessach-Fest nach Jerusalem gezogen. Ostern und Pessach finden ungefähr zur selben Zeit statt.

Schawuot heißt übersetzt Wochenfest.

50 Tage nach Pessach wird das **Fest Schawuot** gefeiert.
Am Fest Schawuot denken Juden daran, dass Mose für sein Volk die Zehn Gebote erhalten hat. Weil schon die ersten Früchte geerntet werden, ist das Fest auch ein Erntedankfest.

Bei uns haben Ostern und Pfingsten eine andere Bedeutung. Was wisst ihr darüber?

Begegnung mit dem Judentum

G"tt der Welt!

Die Chanukkah-Kerzen flimmern
gegenüber dem Weihnachtslicht.

Die Mazzot liegen auf dem Pessachtisch.
Im Nebenhaus hängen die Ostereier.

Die Purimkostüme werden vorbereitet
kurz nach der Faschingsfeier.

Die Omerzeit wird täglich gezählt
bis zum Schlußtag von Pfingsten.

Das Gebet für den Schabbatausgang wird gesagt
kurz vor der Sonntagsruhe.

Und wenn ich zur Synagoge gehe,
klingeln die Kirchenglocken.

Haben sie einen anderen G"tt?
Karin Levi

Vergleiche Weihnachten mit Chanukka oder Chanukkah. Was verbindet beide Feste?

*Ein jüdisches Mädchen, das in Deutschland wohnt, hat dieses Gedicht geschrieben.
Was möchte sie damit sagen?*

Übrigens: Weil es im Hebräischen keine Vokale gibt, schreibt das Mädchen statt „Gott" hier „G´´tt".

Im Winter feiern Juden das **Chanukka-Fest**. Zeichen für das Chanukka-Fest ist der achtarmige Leuchter.
An dem Fest wird acht Tage lang an dem Leuchter jeden Tag ein Licht mehr angezündet. Dies erinnert die Juden an eine Geschichte aus der Heiligen Schrift:
Früher verwendete man für das Licht in Leuchtern Öl. Als der Tempel in Jerusalem eingeweiht werden sollte, war aber nur Öl für einen Tag da. Dann geschah ein Wunder: Das wenige Öl brannte acht Tage lang.
Heute erinnern die acht Lichter Juden daran, dass Gott den Menschen immer wieder hilft.

66 Begegnung mit dem Judentum

Schalom

Schalom – wenn ihr zur Begrüßung „Hallo" sagt, dann sagen Juden „Schalom".

Schalom heißt Friede – Friede sei mit dir.

Muslime sagen zueinander „Salam".
Das Wort hat dieselbe Bedeutung.

Immer wieder gibt es Krieg in Israel.
Doch viele Menschen sehnen sich nach Frieden.

Diesen Wunsch drückt folgendes Lied aus.

Hevenu Schalom alejchem – Wir wünschen Frieden euch allen

Text und Melodie: aus Israel

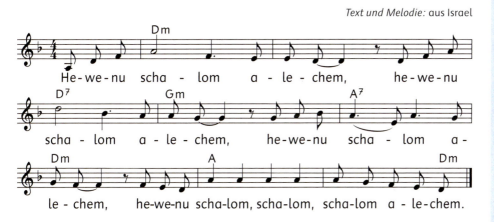

Ein anderes Lied singt man zum Abschied. Es heißt „Schalom chaverim".

Begegnung mit dem Judentum

Begegnung mit dem Islam

Den Glauben anderer achten

Anne und Ismail

Anne: In den Sommerferien war ich in der Türkei.

Ismail: Und, hat es dir dort gefallen?

Anne: Ja, es war ganz toll. Nur an eins musste ich mich erst gewöhnen: die lauten Rufe von den Türmen. Davon bin ich ganz früh morgens immer aufgewacht.
Kannst du mir mal erklären, was es damit auf sich hat?

Muezzin
Der Gebetsrufer

Ismail: Ach, du meinst, wenn der Muezzin zum Gebet in die Moschee ruft.

Moschee
Das Gotteshaus der Muslime

Anne: Was ist denn das nun wieder: Muezzin?

Ismail: Ich erzähle dir mal etwas über unseren Glauben. Ich bin Muslim und gehe in eine Moschee, um zu Allah zu beten. „Allah" ist der arabische Name für Gott. Unsere Religion heißt „Islam".
Allah gab Mohammed, einem arabischen Kaufmann aus Mekka, den Auftrag, zu den Menschen zu sprechen und ihnen seine Gedanken mitzuteilen. Solche Auserwählten nennen wir Propheten. Im Jahre 622 n. Chr. beginnt Mohammed die Gedanken Allahs zu verkündigen.

Erkundige dich, ob es in deiner Stadt eine Moschee gibt.

Ismail: Sie werden im Koran festgehalten. Der Koran hat 114 Abschnitte, Suren genannt.
Im Koran steht etwas über Glauben und auch Regeln für das alltägliche Leben eines Gläubigen. Der Koran ist in arabischer Schrift geschrieben. Diese lernen wir in der Koranschule, um den Koran lesen zu können.

Anne: Dann gehst du ja in zwei Schulen.

Ismail: Ja. In meiner Heimat ruft uns der Muezzin fünfmal am Tag von einem der Minarette, die zur Moschee gehören, zum Gebet.
Bevor ich die Moschee betrete, ziehe ich mir die Schuhe aus und wasche Gesicht, Hände und Füße. Ich will „rein" sein, wenn ich zu Allah bete.

Minarett
Turm einer Moschee

Anne: Das ist bei uns ganz anders.

Ismail: Dann knie ich mich in Richtung Mekka und berühre mit der Stirn den Boden. So höre ich dem Imam zu.
Wenn meine Schwester mitkommt, folgt sie den Gebetsworten in einem kleinen, von den Männern abgetrennten Raum.
Im Gottesdienst am Freitag hält der Imam eine kleine Ansprache.

Mekka
Geburtsort von Mohammed

Imam
Vorbeter

Begegnung mit dem Islam

Der Halbmond mit dem Stern ist das Zeichen des Islam.

Kaaba
Ein riesiger schwarzer Würfel aus Marmor

Du kannst viele Gemeinsamkeiten zu deiner Religion entdecken.

Ismail: Wenn weder Gottesdienst noch Gebet in der Moschee ist, darf sich jeder darin aufhalten. Ich darf dort sogar meine Hausaufgaben machen, während mein Vater mit anderen Männern diskutiert.

Anne: Das finde ich schön.

Ismail: In Mekka steht das Heiligtum der Muslime. Ein riesiger schwarzer Steinwürfel, die Kaaba. Sie ist das „Haus Gottes". In weiße Gewänder gehüllt, umkreist der Gläubige siebenmal den Stein. Wenn er ihn berührt hat, glaubt er, frei zu sein von allen Sünden.

Ismail: Hier ist es manchmal schwer, ein Muslim zu sein. Oft werden wir ausgelacht, weil wir kein Schweinefleisch essen, mein Vater keinen Alkohol trinkt und meine Mutter ein Kopftuch trägt. Dabei halten wir uns nur an unsere Gesetze!

Anne: Gut, dass du mir so viel über deinen Glauben erzählt hast, jetzt verstehe ich dich besser.

Die fünf Pfeiler

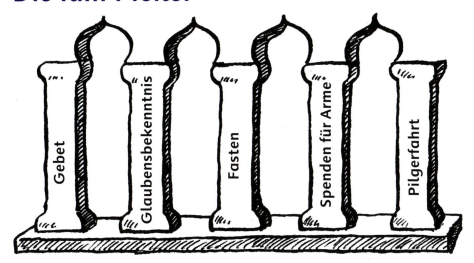

Gebet: Jeder Muslim betet fünfmal am Tag mit dem Gesicht nach Mekka.
Glaubensbekenntnis: Es gibt keinen anderen Gott außer Allah. Mohammed ist sein Prophet.
Fasten: Im Monat Ramadan dürfen Muslime nur nachts essen und trinken.
Spenden für Arme: Alle Muslime sind Brüder. Darum muss man den Armen helfen.
Pilgerfahrt: Einmal in seinem Leben sollte jeder Muslim nach Mekka reisen.

Der Koran hat 114 Abschnitte, Suren genannt. Diese Texte des Korans kannst du auch in unserer Bibel finden:

Sure 112
Sprich, er ist der eine Gott, der ewige Gott.
Er zeugt nicht und wird nicht gezeugt,
und keiner ist ihm gleich.

aus Sure 2
Er ist der Schöpfer von Himmel und Erde. Wenn er eine Sache beschlossen hat, sagt er zu ihr nur:
Sei, dann ist sie.

Viele Muslime nehmen ihren Glauben sehr ernst. Sie halten sich an die fünf Pfeiler des Islam.

Ramadan
Der 9. Monat im islamischen Kalender

pilgern
Zu einem Wallfahrtsort gehen, um dort zu beten.

Schlage in der Bibel die Stellen 5. Mose 4,35 und 1. Mose 1,1 nach. Vergleiche sie mit den Abschnitten der Suren.

Begegnung mit dem Islam

Das Land der Bibel

„Verlass deine Heimat und ziehe in ein Land, das ich dir zeigen werde!" Abraham folgte dem Befehl und zog in das Land Kanaan.

nach 1. Mose 12,1–5

Das Land Jesu

Jesus lebt in Israel. Die Römer geben dem Land später den Namen Palästina. Sie wollen zeigen, dass sie die Herren im Land sind.
Es ist ein Land der Gegensätze:
Im Westen grenzt es an das Mittelmeer, nach Osten hin durchziehen Hügel und Bergketten das Land.
Es wird geprägt durch Wüstenlandschaften und durch das fruchtbare Tal des Jordans. Der Jordan ist der längste Fluss in diesem Gebiet.
Er fließt quer durch den See Genezareth und mündet im Toten Meer.

Israel ist ein moderner Staat mit viel Industrie und Landwirtschaft. Inzwischen ist es auch ein beliebtes Reiseland geworden.

Seine Hauptstadt heißt Jerusalem.
In Jerusalem und vielen anderen Orten wird nach Überresten aus frühester Zeit gegraben. Diese Funde können erzählen, wie die Menschen früher gelebt haben.

Informiere dich über Israel. Du kannst dazu einen Atlas verwenden.

Über die Erfahrungen, die die Israeliten mit ihrem Gott gemacht haben, können wir etwas im Alten Testament nachlesen.
Das Alte Testament ist ein Teil unserer Bibel.
Die Entstehung der Erde, die Gebote Gottes und die Familiengeschichten stehen dort.
Jesus kannte alle diese Geschichten. Sie waren für sein Leben wichtig.

Vor etwa 3000 Jahren

Damals regiert König David.
Es gelingt ihm, die eingewanderten Stämme Israels zu vereinigen und die Feinde zu besiegen. Er wird der König über einen großen Staat und macht Jerusalem zur Hauptstadt. König David ist auch ein großer Dichter und Sänger.
Er soll den Psalm 23 gedichtet haben.

Später bestimmt er seinen Sohn Salomo
zu seinem Nachfolger.
König Salomo baut den ersten Tempel in Jerusalem.
Später wird der Tempel zerstört.
Heute stehen nur noch Reste der alten Tempelmauer.
Die Juden nennen sie die Klagemauer.
Sie ist der wichtigste Ort für sie.
Juden kommen aus der ganzen Welt, um
an der Klagemauer zu beten.

> Im Alten Testament sind verschiedene Bücher enthalten: Mose, Psalmen, Propheten …
>
> Psalm 23 steht in der Bibel.
> Du findest ihn auch auf Seite 100 im Buch 1/2.
> Er beginnt: „Der Herr ist mein Hirte …"

Das Land der Bibel

Vor 2000 Jahren

Römische Soldaten beherrschen Israel.
Sie treiben Steuern ein und verlangen Zoll für die Waren der Händler.
Die Juden hassen die römischen Soldaten.
Eine Gruppe von Leuten hat sich zum Ziel gesetzt, das Volk von der Herrschaft der Römer zu befreien.
Bei mehreren Aufständen werden viele Juden getötet oder als Sklaven verkauft.
Das Volk ist traurig – es sehnt sich nach einem neuen König: Sie warten auf den Messias, der Frieden und Gerechtigkeit bringen soll, so wie es der Prophet Jesaja voraussagt.

Einer wird kommen!

Er wird aus dem Haus

des Königs Davids stammen!

Und Gott wird mit ihm sein.

Er wird den Armen Recht bringen.

Er wird gegen die sein, die Gewalt tun.

Und die Erde wird erfüllt sein von Frieden.

nach Jesaja 11,1-4

Zu dieser Zeit zog Jesus mit seinen Freunden im Land umher, erzählte von Gott und tat viel Gutes.

In den Jahren nach seinem Tod werden die Erlebnisse von Jesus und seiner frohen Botschaft zunächst mündlich weitergegeben. Erst später schrieb man die Geschichte von Jesus auf. Matthäus, Markus, Lukas und Johannes haben zu verschiedenen Zeiten Geschichten über Jesus in Evangelien zusammengestellt.
Diese vier Evangelien stehen im Neuen Testament unserer Bibel. Dort findet man auch viele Briefe.
Ursprünglich war das Neue Testament in griechischer Sprache geschrieben.

Evangelium heißt gute Botschaft. Es ist eine Sammlung von Jesu Taten und Worten.

Die vier Evangelisten heißen: Markus, Johannes, Lukas und Matthäus.

In welcher Reihenfolge stehen die Evangelisten in der Bibel?

Das Land der Bibel 75

Jesus, wer bist du?

Damals in Israel – heute für uns

Jesus

Zu allen Zeiten haben Menschen sich Jesus unterschiedlich vorgestellt.
Die Künstler wollen sagen, was ihnen an Jesus wichtig erscheint. Aber wie er wirklich aussah, wissen wir nicht. Er war damals kein berühmter Mann, es gibt kein Bild von ihm.

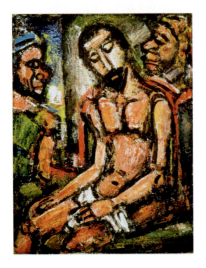

Jesus – ein frommer Jude

Jesus hat in Israel, in der Stadt Nazareth gelebt. Von seiner Kindheit wissen wir nicht viel. Seine Eltern hießen Maria und Josef. Jesus hatte viele Geschwister. Genau wie Josef war Jesus Zimmermann. Jesus erlebte in seiner Familie den Sabbat und die Feiern an den jüdischen Festtagen.

Als Junge musste Jeschua (so lautet sein Name in der Muttersprache) selbstverständlich zur Schule gehen. Er lernte die Heiligen Schriften zu lesen, denn in ihnen stand alles, was man für das Leben als Jude wissen musste: Die Tora mit den Geboten Gottes, die Schriften der Propheten und die Psalmen. Der Unterricht fand in der Synagoge statt, dem Gebetshaus und Versammlungsraum. Hier wurde Gottesdienst gefeiert und aus der Torarolle vorgelesen.

Tora mit Mantel und Torazeiger

Tora
Die fünf Bücher Mose mit den Gesetzen

Prophet
Jemand, der den Willen Gottes deutet.

Psalmen
Lieder und Gebete. Schriften, in denen die Menschen Gottes Willen deuten.

Fertigt eine kleine Torarolle aus Stöckchen und Papier an. Schlagt in der Bibel bei 2. Mose 20,2–3 nach. Schreibt das 1. Gebot in schöner Schrift auf eure Rolle.

Jesus, wer bist du?

Leben in Israel zur Zeit Jesu

Als Jesus lebte, wurde das Land Israel von den Römern beherrscht. Die Juden mussten hohe Steuern bezahlen und fühlten sich unterdrückt. Es gab harte Strafen. Die Menschen waren sehr unzufrieden und sehnten sich nach einem Retter. In den Schriften der Propheten war ihnen dieser Retter, der Messias, versprochen worden. Sie hofften, dass dieser Messias sie befreit.

Es ist schwer, sich vorzustellen, wie die Menschen damals vor fast 2000 Jahren gelebt haben. So könnte ein Gespräch zwischen zwei jüdischen Kindern stattgefunden haben.

Joel: *Gerade heute habe ich wieder gesehen, wie gemein ein römischer Soldat zu Aaron war.*

Esther: *Und mein Vater erzählt, dass wir so wenig zu essen haben, weil wir so viele Steuern zahlen müssen.*

Joel: *Wenn doch endlich jemand käme, der uns von den Römern befreit!*

Esther: *Meine Mutter hat mir von dem Messias erzählt, er soll unser König werden. Wenn es doch endlich so weit wäre!*

Joel: *Am Jordan ist ein Mann, der vom Messias erzählt. Er heißt Johannes. Er sagt merkwürdige Dinge: Die Leute sollen Buße tun, weil Gottes Reich bald kommt. Verstehst du, was damit gemeint ist?*

Esther: *Und was macht er am Jordan?*

Joel: *Ich habe gehört, dass er die Menschen tauft. Am besten gehen wir auch zum Jordan und sehen nach.*

Spielt die Geschichte nach.

„Buße" ist ein schwieriges Wort. Erinnert euch an die Geschichte von Jona. Was könnte es bedeuten?

Jesus lässt sich von Johannes taufen

*Johannes der Täufer sagt:
„Tut Buße, denn das Reich Gottes ist nahe herbeigekommen!
Ich taufe euch mit Wasser, aber nach mir kommt einer, der
ist größer und wichtiger als ich! Ich bin noch nicht mal so
viel wert, dass ich vor ihm knie und ihm die Schuhe öffne!"*

nach Lukas 3,15–16

Die Menschen fragen sich: „Wie muss erst dieser Retter sein, wenn schon Johannes so etwas Besonderes ist!"

Sie lassen sich von Johannes im Jordan taufen. Dabei tauchen sie ganz ins Wasser ein. Diese Taufe ist wie eine Reinigung, so als wenn alle Fehler abgewaschen werden.

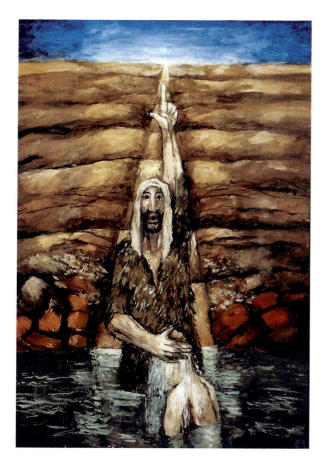

*Auch Jesus kommt zum Jordan und lässt sich von Johannes taufen.
Die Menschen sehen dabei zu. Nach der Taufe hören sie eine Stimme:
Du bist mein lieber Sohn, an dir habe ich Wohlgefallen.*

nach Lukas 3,21–22

*Betrachte genau das Bild. Was siehst du?
Auch heute lassen sich Menschen taufen. Sicher sind auch viele Kinder aus eurer Klasse getauft. Es gibt Dinge, die daran erinnern: Fotos, Kerzen, Karten. Vielleicht könnt ihr auch euren Taufspruch herausfinden.*

Jesus, wer bist du?

Jesus erzählt von Gottes neuer Welt

Jesus ist ungefähr 30 Jahre alt, als er seine Heimatstadt verlässt. Bald nach seiner Taufe durch Johannes zieht Jesus mit seinen Jüngern in Galiläa umher und predigt: „Tut Buße, denn das Reich Gottes ist nahe herbeigekommen! Gott hat mich erwählt, Armen die gute Nachricht zu bringen, Blinden zu sagen: Ihr sollt jetzt sehen, Unterdrückten zu sagen: Ihr seid jetzt frei. Allen zu sagen, dass Gottes Reich angebrochen ist!"

nach Lukas 4,16–22

Die Menschen hören Jesus zu. Sie fragen ihn:

> Ist dieses Reich Gottes für alle da?

Hört, wen Jesus glücklich preist *Text:* Kurt Hoffmann, Friedrich Walz
Melodie: Spiritual

1. Hört, wen Jesus glücklich preist, halleluja, wem er Gottes Reich verheißt, halleluja.

Die Menschen fragen weiter:

> Wie kann man sich dieses Reich Gottes vorstellen?

Das Programm von Gottes neuer Welt:

*Hungernde werden satt.
Traurige werden getröstet.
Weinende werden lachen.
Sanftmütige erhalten die Erde.*

Wie stellt ihr euch eine neue bessere Welt vor?

Gestaltet dazu ein großes Plakat mit Wünschen für unsere Welt.

Wann fängt Gottes neue Welt an?

Kann man das sehen oder spüren?
Jesus erzählt dazu eine Geschichte:

Gestalte die Geschichte mit bunten Farben.

*Was will Jesus mit dieser Geschichte sagen?
Können Menschen etwas für das Reich Gottes tun?*

*Mit dem Reich Gottes ist es wie mit einem Senfkorn.
Das ist ein winziges Samenkorn. Ein Mensch sät es aus, es wächst schnell heran. Es wird größer als andere Sträucher und bekommt starke Zweige. Die Vögel können darauf ihre Nester bauen.*

nach Lukas 13,18–19

Jesus, wer bist du?

Welche Regeln gelten in Gottes neuer Welt?

Jesus kennt die Gebote Gottes, die in der Tora aufgeschrieben sind. Dort steht zum Beispiel, dass man den Sabbat halten soll, er ist ein heiliger Tag. Die Menschen sollen an diesem Tag an Gott denken.
Die Schriftgelehrten haben dafür Regeln aufgestellt.
Am Sabbat sollen die Menschen nicht arbeiten:
Sie sollen nicht kochen, Feuer anzünden, Lasten tragen, pflügen, säen oder ernten. Manche nehmen dieses Gebot sehr ernst.

Streit um das Sabbat-Gebot

Jesus geht mit seinen Jüngern an einem Sabbat an Kornfeldern vorbei. Die Jünger haben Hunger und fangen an, Ähren auszureißen und die Körner zu essen. Einige fromme Juden sehen das und regen sich sehr darüber auf. Sie sagen zu Jesus: „Deine Jünger verstoßen gegen das Sabbatgebot!" Jesus antwortet ihnen: „Der Sabbat ist für den Menschen da, nicht der Mensch für den Sabbat."

nach Markus 2,23–28

Die Menschen fragen sich: Will Jesus die Gebote Gottes aus der Tora einfach außer Kraft setzen? Als Antwort gibt er ihnen ein Beispiel:

*In der Tora steht, dass ihr euren Nächsten lieben und euren Feind hassen sollt.
Ich aber sage euch:
Liebt eure Feinde und bittet für die, die euch verfolgen!*

Matthäus 5,44

Das ist ein schwerer Satz. Was will Jesus damit sagen? Ist es möglich, seine Feinde zu lieben? Schlagt auf Seite 60 nach, was erfahrt ihr über die 10 Gebote?

Wer ist mein Nächster?

Jesus diskutiert oft mit den Priestern und Schriftgelehrten.
Sie sprechen darüber, wie man Gottes Gebote befolgen kann.

*Und du sollst den Herrn, deinen Gott, lieb haben von ganzem
Herzen, von ganzer Seele und mit all deiner Kraft.
Du sollst deinen Nächsten lieben wie dich selbst.*

Lukas 10,27

*Ein Schriftgelehrter fragt: Wer ist mein Nächster?
Jesus erzählt: Ein Mensch war auf dem Weg von Jerusalem
nach Jericho. Er wurde von Räubern überfallen. Alles rissen
sie ihm weg und schlugen ihn zusammen. Halbtot ließen sie
ihn liegen. Nach einer Weile kam aus Jerusalem ein Priester
vorbei. Er ging vorbei.
Dann kam ein Tempeldiener, aber auch er hielt nicht an.
Schließlich kam ein Samariter, ein Mann aus Samaria, der nicht zu
den Juden dazugehörte.
Als er den Verletzten sah, hatte er Mitleid mit ihm. Er reinigte seine
Wunden, verband sie und setzte den Verletzten auf seinen Esel. Er
brachte ihn in eine Herberge und kümmerte sich um ihn. Als er am
nächsten Tag abreisen musste, gab er dem Wirt Geld, um ihn zu
versorgen.*

nach Lukas 10,29–35

Verstehst du jetzt, wer dein Nächster ist?

Fertigt eine Bildergeschichte an und tragt ein, welche Gedanken die einzelnen Personen haben. Versucht zu erklären: Was will Jesus mit dieser Geschichte sagen?

Jesus wendet sich den Menschen zu

Überall, wo Jesus hinkommt, laufen die Menschen zusammen und wollen ihn hören. Es kommen viele Kranke, Traurige und Verzweifelte zu ihm. Er redet zu ihnen und sagt: „Das Reich Gottes hat schon begonnen!"

Probiert aus, wie es ist, krumm zu gehen.

Die Frau preist Gott. Schreibe ihr Gebet auf.

„Jesus heilt am Sabbat". Erinnert euch an den Streit um das Sabbatgebot (siehe auch Seite 82). Spielt ein Streitgespräch zwischen Jesus und dem Vorsitzenden der Synagoge.

Kranke werden aufgerichtet – Jesus heilt die verkrümmte Frau

An einem Sabbat lehrt Jesus in der Synagoge. Ganz hinten stehen die Frauen. Eine von ihnen kann nicht aufrecht gehen, seit mehr als 18 Jahren ist ihr Rücken verkrümmt. Jesus sieht sie. Er ruft sie zu sich. Die Frau kann ihren Ohren kaum trauen. Ob Jesus wirklich sie meint? Dann traut sie sich und geht nach vorn zu Jesus.
Er sagt: „Du sollst befreit sein von deiner Krankheit!"
Dann legt er seine Hände auf sie und streicht ihr über den Rücken. Die Frau richtet sich auf. Sie kann es gar nicht glauben: Sie kann aufrecht gehen! Vor lauter Freude preist sie Gott.

nach Lukas 13,10–13

Hungrige werden satt

*Viele Menschen sind zusammengekommen, um Jesus zuzuhören.
Es sind mehr als 5000. Am Abend sagen die Jünger zu Jesus: „Es ist spät!
Schicke die Menschen weg, sie müssen sich etwas zu essen kaufen!"
Jesus sagt: „Gebt ihr ihnen etwas zu essen!"
Die Jünger erwidern: „Wir haben nicht genug Geld, um für alle Brot zu kaufen."
Jesus fragt: „Wie viel Brot habt ihr denn?"
Die Jünger zeigen ihm fünf Brote und zwei Fische.
Da befiehlt Jesus: „Teilt die Menschen in Gruppen ein, sie sollen sich setzen."
Die Menschen setzen sich in Gruppen zu 50 oder zu 100.
Jesus nimmt die Brote und die Fische und dankt Gott dafür.
Danach bricht Jesus das Brot in Stücke und gibt es den Jüngern.
Diese teilen das Brot und die Fische an die Leute aus.
Alle essen davon und werden satt.*

nach Markus 6,30–44

Das ist wirklich eine „wunderbare" Geschichte. Jesus gibt den Menschen, was sie zum Leben brauchen: Die einen macht er gesund, den anderen gibt er zu essen. Er sagt von sich:

> *Ich bin das Brot des Lebens. Wer zu mir kommt,
> den wird nicht hungern, und wer an mich glaubt,
> den wird nimmermehr dürsten.*
>
> Johannes 6,35

Das ist schwer zu verstehen. Was meint Jesus mit diesen Worten?

Erstellt eine Collage: Was Menschen zum Leben brauchen …

Jesus, wer bist du?   85

Wasser zum Leben

Jesus predigt in ganz Palästina. Dabei kommt er auch durch Samaria. Müde setzt er sich an einen Brunnen.
Eine Frau aus Samaria kommt zu diesem Brunnen, um Wasser zu schöpfen. Jesus spricht sie an: „Gib mir zu trinken!"
Die Frau entgegnet: „Wie kannst du mich um Wasser bitten! Du bist ein frommer Jude und ich eine Samariterin!"
Jesus antwortet: „Wenn du wüsstest, wer ich bin, würdest du mich um Wasser bitten, um lebendiges Wasser!"
Das versteht die Frau nicht: „Was ist lebendiges Wasser?"
Da erwidert Jesus:

„Wer von diesem Wasser trinkt, den wird wieder dürsten; wer aber von dem Wasser trinken wird, das ich ihm gebe, den wird nie mehr dürsten!"

Da wundert die Frau sich sehr! Wer ist dieser Mann, der so mit ihr spricht? Ist er etwa der Messias, der den Menschen verheißen worden ist?
Jesus antwortet: „Ich bin's!"

nach Johannes 4,4–26

Jesus spricht von „lebendigem Wasser". Was meint er damit? Was unterscheidet normales Wasser von lebendigem Wasser? Schaut euch das Bild an. Was fällt euch auf?

Ängstliche werden ermutigt

Jesus ist mit seinen Jüngern auf dem See Genezareth. Plötzlich kommt ein gewaltiger Sturm auf, sodass das Boot von Wellen zugedeckt wird. Jesus aber schläft. Seine Jünger kommen zu ihm und wecken ihn auf. Sie sagen: „Herr, hilf, wir kommen um!"
Er antwortet ihnen: „Ihr Kleingläubigen, warum fürchtet ihr euch so?" Und er steht auf und bedroht den Wind und das Meer. Sofort wird es ganz still.
Die Menschen aber wundern sich: „Was ist das für ein Mann, dass ihm sogar Meer und Wind gehorchen?"

nach Matthäus 8,23–27

Thilo, Jan und Gabi unterhalten sich

Thilo: Einen Sturm soll Jesus gestillt haben, das wär ja ein Wunder! Ob das stimmen kann?

Jan: Also ich kann das nicht recht glauben. Jesus war doch ein Mensch wie wir oder war er ein Zauberer?!

Thilo: Ist das denn so wichtig?

Gabi: Überleg mal, vielleicht kam es dem Erzähler nicht so sehr auf die Sturmstillung an. Die Geschichte ist wie ein Bild. Der Erzähler gebraucht ein Bild um etwas Wichtiges über Jesus auszusagen.

Thilo: Also die Menschen haben sich Wundergeschichten von Jesus erzählt, um mit Bildern etwas über ihn zu sagen?

Jan: Ja, aber was?

Gabi: Vielleicht will Matthäus mit der Sturmstillung sagen, dass Jesus uns Gottes Hilfe verspricht, dass wir auch in Angst und Not nicht alleingelassen werden.

Thilo: Du, in der Kirche hängt ein Teppich. Da ist ein Schiff drauf und der Mast sieht aus wie ein Kreuz.

Gabi: Ja, das hat etwas mit der Geschichte zu tun. Die Christen haben später gesagt, das Schiff sei ein Bild für die Kirche, die sich in allen „Stürmen" auf Gott verlassen kann.

Formuliert eigene Fragen zu dieser „wunderbaren" Geschichte. Was hat sich bei den Jüngern verändert? Heute ist das Schiff zum Symbol für die Kirche geworden. Warum? (Siehe auch Seite 113.)

Jesus, wer bist du? 87

Jesus erzählt von Gott

Manche Menschen sind nicht damit einverstanden, was Jesus predigt und tut. Er verspricht den Armen und Kranken das Reich Gottes. Er wendet sich gerade den Menschen zu, die am Rande der Gemeinschaft stehen. Er isst sogar mit dem Zöllner Zachäus, der aus der Gemeinschaft ausgeschlossen ist.

Jesus will den Menschen zeigen: Gott ist anders als wir denken. Er ist für alle Menschen da. Dazu erzählt er eine Geschichte:

Ein Vater hat zwei Söhne, die er sehr liebt.
Der jüngere Sohn sagt zu ihm: „Ich kann nicht immer zu Hause bleiben. Vater, gib mir mein Erbe!"
Der Vater gibt ihm das Geld und der Sohn verlässt sein Elternhaus.

Mit dem Geld macht er sich viele Freunde: Sie feiern zusammen und er bezahlt.
Aber bald ist das Geld verbraucht und sofort sind auch die Freunde verschwunden.

Der Sohn muss sich eine Arbeit suchen. Schließlich bleibt ihm nichts anderes übrig, als Schweine zu hüten. Er hungert sehr.
In diesem Moment denkt er an sein Zuhause. Was soll er tun? Soll er wieder zu seinem Vater zurückkehren? Wird sein Vater ihn überhaupt wieder aufnehmen?

Schließlich bricht er auf und geht den Weg zurück.

Schon von weitem kommt ihm sein Vater entgegen und umarmt ihn voller Freude.

Er lässt ein großes Fest ausrichten: Alle sollen sich mit ihm freuen. Sein verlorener Sohn ist wieder zurückgekehrt.
Aber sein älterer Sohn kann sich nicht mit ihm freuen.

nach Lukas 15,11–32

Lest noch einmal die Geschichte vom Zöllner Zachäus in Lukas 19,1–10 nach.

Erzählt die Geschichte aus der Sicht des Vaters und der beiden Söhne.

Spielt die Geschichte nach oder fertigt eine Bildergeschichte mit verschiedenen Farben an.

Was meint Jesus mit der Geschichte: Wie sollen die Menschen sich Gott vorstellen?

Die Menschen sollen wissen: Gott ist für sie da.
Sie können ihm vertrauen und zu ihm sprechen wie zu einem Vater.

Passion – Ostern – Pfingsten

Er ist nicht hier, er ist auferstanden.

Lukas 24,6

Ärger im Tempel

 Zum Passah-Fest ist Jesus in Jerusalem im Tempel. Plötzlich fängt er an, die Händler und Käufer aus dem Vorhof hinauszujagen. Er stößt die Tische der Geldwechsler und die Verkaufsstände der Taubenhändler um.
Er ruft allen zu:
„Gott hat gesagt: Mein Haus soll für alle Menschen ein Haus zum Beten sein. Ihr aber habt eine Räuberhöhle daraus gemacht!"
Als das die Priester und Schriftgelehrten hören, sind sie sehr empört: Dieser Jesus ist ein gefährlicher Mann! Schon viele Menschen folgen ihm nach.

nach Markus 11,15–18

Warum hat Jesus das getan? Wer ist gegen Jesus, wer spricht für ihn? Denkt dabei auch an die Geschichten, die ihr kennen gelernt habt.

Das letzte Mahl

Und als sie aßen, nahm Jesus das Brot, dankte und brach's und gab's ihnen und sprach: „Nehmet; das ist mein Leib." Und er nahm den Kelch, dankte und gab ihnen den; und sie tranken alle daraus.

Markus 14,22–23

Als sie am Garten Gethsemane ankommen, sagt Jesus zu den Jüngern: „Wartet hier. Schlaft nicht ein. Seid in Gedanken bei mir. Ich bin traurig!"
Er geht ein paar Schritte weiter und wirft sich auf die Erde. Er zittert. Er hat Angst: „Ach, muss ich denn sterben?" Dann betet er weiter: „Vater, es soll geschehen, wenn du es willst!" Die Jünger sind eingeschlafen. Jesus fühlt sich alleingelassen. Er betet noch einmal. Das gibt ihm Kraft und Mut.

nach Markus 14,32–37

Am Donnerstag vor Ostern denken wir heute noch an das letzte Mahl. Der Tag wird Gründonnerstag genannt. „Grün" erinnert an ein altes deutsches Wort, das „greinen" (also weinen) bedeutet: Es ist der Tag, an dem man weint.

Petrus verleugnet Jesus

Und Petrus war unten im Hof. Da kam eine von den Mägden des Hohenpriesters; und als sie Petrus sah, wie er sich wärmte, schaute sie ihn an und sprach: „Und du warst auch mit dem Jesus von Nazareth."
Er leugnete aber und sprach: „Ich weiß nicht und verstehe nicht, was du sagst." Und er ging hinaus in den Vorhof und der Hahn krähte. Und die Magd sah ihn und fing abermals an, denen zu sagen, die dabeistanden: „Das ist einer von denen." Und er leugnete abermals. Und nach einer kleinen Weile sprachen die, die dabeistanden, abermals zu Petrus: „Wahrhaftig, du bist einer von denen; denn du bist auch ein Galiläer."
Er aber fing an sich zu verfluchen und zu schwören: „Ich kenne den Menschen nicht, von dem ihr redet." Und alsbald krähte der Hahn zum zweiten Mal. Da gedachte Petrus an das Wort, das Jesus zu ihm gesagt hatte: „Ehe der Hahn zweimal kräht, wirst du mich dreimal verleugnen." Und er fing an zu weinen.

Markus 14,66–72

Warum hat Petrus nicht zu seinem Freund Jesus gestanden? Wie hat er sich danach gefühlt?

Passion – Ostern – Pfingsten

Was hätte Jesus zu seiner Verteidigung sagen können?

Jesus vor Pilatus

*Der Hohe Rat fasst einen Beschluss. Er lässt Jesus fesseln, abführen und dem Pilatus überliefern.
Und Pilatus fragt ihn: „Bist du der König der Juden?"
Er aber antwortete und sprach zu ihm: „Du sagst es."*

Markus 15,2

Jesus stirbt einsam am Kreuz

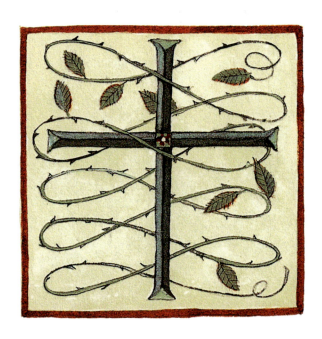

*Und sie brachten ihn zu der Stätte Golgatha, das heißt übersetzt: Schädelstätte.
Und sie gaben ihm Myrrhe in Wein zu trinken; aber er nahm's nicht.
Und sie kreuzigten ihn. Und sie teilten seine Kleider und warfen das Los, wer was bekommen solle.
Und es war die dritte Stunde, als sie ihn kreuzigten. Und es stand über ihm geschrieben, welche Schuld man ihm gab, nämlich: Der König der Juden.
Und sie kreuzigten mit ihm zwei Räuber, einen zu seiner Rechten und einen zu seiner Linken. Und zur sechsten Stunde kam eine Finsternis über das ganze Land bis zur neunten Stunde.
Und zu der neunten Stunde rief Jesus laut: „Eli, Eli, lama asabtani?"
Das heißt übersetzt: Mein Gott, mein Gott, warum hast du mich verlassen?
Aber Jesus schrie laut und verschied. Und der Vorhang im Tempel zerriss in zwei Stücke von oben an bis unten aus.
Der Hauptmann aber, der dabeistand, ihm gegenüber, und sah, dass er so verschied, sprach: „Wahrlich, dieser Mensch ist Gottes Sohn gewesen!"*

Markus 15,22–27, 33–34 und 37–39

Am Freitag vor Ostern feiern Christen den Karfreitag. „Kar" kommt von einem alten deutschen Wort, das „Kummer" bedeutet. Es ist der Tag, an dem man trauert.

Jesu Auferstehung

Zwei Frauen gehen am ersten Tag der Woche frühmorgens zum Grab Jesu, um ihn mit wohlriechenden Ölen zu salben. Auf dem Weg überlegen sie, wer ihnen den großen Stein vor dem Grab wegrollen würde. Vor dem Grab jedoch bemerken sie mit Erstaunen, dass der Stein bereits weggewälzt ist. Das Grab ist offen. Die beiden Frauen sorgen sich. Wo ist Jesus?
Die beiden Frauen gehen in das Grab und sehen dort einen Mann in einem weißen Gewand. Sie erschrecken und haben große Angst. Der Mann spricht zu ihnen:
„Habt keine Angst. Ihr sucht Jesus von Nazareth. Er ist nicht mehr hier. Er lebt." Die beiden Frauen fliehen zitternd und entsetzt aus dem Grab.

nach Markus 16,1–8

An Ostern feiern Christen die Auferstehung Jesu.

Zu Ostern in Jerusalem

Text: Armin Juhre
Musik: Karl Wolfgang Wiesenthal

1. Zu Ostern in Jerusalem, da ist etwas geschehn, das ist noch heute wunderbar, nicht jeder kann's verstehn. Hört, hört, hört, hört, nicht jeder kann's verstehn. Hört, hört, hört, hört, nicht jeder kann's verstehn.

Geht auf einen Friedhof und informiert euch, wie heute Gräber aussehen. Was tun Angehörige heute für ihre Verstorbenen?

Passion – Ostern – Pfingsten

„Geburtstag" der Kirche

40 Tage nach Ostern feiern Christen Himmelfahrt. An diesem Tag ist Jesus zu seinem Vater gegangen. Zehn Tage später ist Pfingsten. Christen feiern: Gott ist durch seinen Geist bei ihnen. Er gibt ihnen Kraft, in seinem Namen zu reden. An diesem Tag denkt man auch über die Kirche, die Gemeinschaft der Christen, nach.

Spielt die Szene nach. Ein Kind übernimmt die Rolle des Petrus, die anderen bilden verschiedene Gruppen aus der Erzählung.

Es war der fünfzigste Tag nach Ostern. Die Jünger sind alle beieinander in einem Haus. Plötzlich geschieht ein Brausen vom Himmel wie von einem gewaltigen Wind und erfüllt das ganze Haus. Es erscheinen Zungen wie von Feuer; die zerteilen sich und kommen auf jeden von ihnen herab. Die Jünger werden alle von dem Heiligen Geist erfüllt. Von aller Angst befreit, fangen sie an laut und deutlich von Jesus Christus zu predigen.
In diesen Tagen sind gottesfürchtige Leute aus vielen Ländern in Jerusalem versammelt, um das Fest der Gebote Gottes zu feiern. Als das Brausen geschieht, laufen sie zusammen: Sie verwundern sich und sprechen: „Sind das nicht alles Männer aus Galiläa? Wir aber hören sie in unseren Sprachen die großen Taten Gottes verkünden. Wie ist das möglich?"
Andere spotten auch und sagen:
„Die haben süßen Wein getrunken..."
Da ruft Petrus mit lauter Stimme: „Ihr Männer, diese sind nicht betrunken, wie ihr denkt. Gott hat durch einen Propheten vorausgesagt: Ich will meinen Geist auf alle Menschen ausgießen. Das erfüllt sich heute und ihr seht es und hört es hier."
Danach spricht Petrus: „Ihr habt gehört von Jesus von Nazareth, der ans Kreuz geschlagen worden ist. Gott aber hat ihn auferweckt und zum Herrn und Christus gemacht."
Als das die Männer hören, trifft es sie ins Herz. Sie sprechen zu Petrus und den anderen Jüngern: „Was sollen wir tun?" Petrus antwortet: „Tut Buße und lasst euch taufen zur Vergebung eurer Sünden! Und ihr werdet die Gabe des Heiligen Geistes empfangen."
Viele glauben der Botschaft und lassen sich taufen. Eine große Zahl von Menschen wird an diesem Tag in die Gemeinde Jerusalem aufgenommen.

nach Apostelgeschichte Lukas aus dem zweiten Kapitel

Festkreis

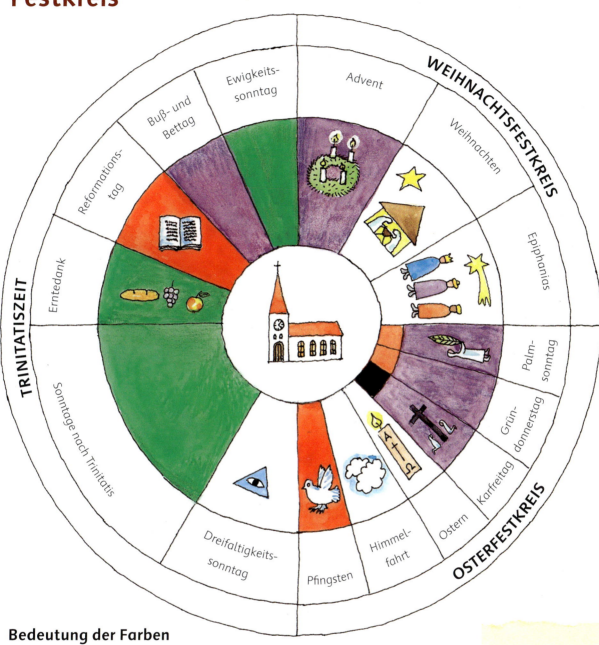

Bedeutung der Farben

- Weiß – Freude
- Violett – Zeit der Vorbereitung, der Stille, des Nachdenkens
- Rot – Kraft Gottes
- Grün – Wachsen und Reifen
- Schwarz – Trauer

Advent und Weihnachten

Der Herr ist mein Licht und mein Heil.

Psalm 27,1a

Advent

Das Kalenderjahr beginnt am 1. Januar, das Kirchenjahr am ersten Adventssonntag. Advent ist ein lateinisches Wort und bedeutet Ankunft. In der Adventszeit bereiten wir uns auf Weihnachten, auf die Geburt Jesu vor. Auch im Alten Testament wartet man auf eine Ankunft. Bald soll der König, der Messias, kommen.

Lies dazu noch einmal Jesaja 11,1–4 auf Seite 74 im Buch nach.

Messias ist ein Wort aus dem Hebräischen und bedeutet „der Gesalbte". Könige hat man früher mit Öl „gesalbt".

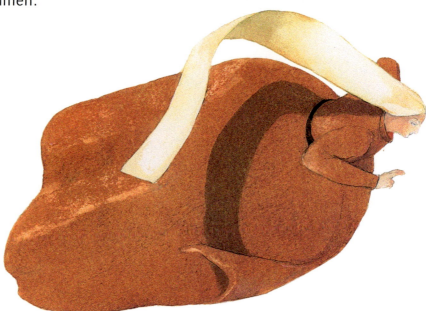

Jesu Geburt

Weihnachten ist erst lange Zeit nach Jesu Tod und Auferstehung zum ersten Mal gefeiert worden. Die Christen wussten nicht genau, an welchem Tag Jesus geboren worden war. Sie haben seinen Geburtstag in die dunkelste Jahreszeit gelegt. Damit wollten sie etwas sagen:

Das Volk, das im Finstern wandelt,

sieht ein großes Licht, und über denen,

die da wohnen im finstern Lande,

scheint es hell.

Jesaja 9,1

Der Evangelist Lukas hat ungefähr 80 Jahre nach der Geburt Jesu eine Geschichte davon erzählt.
Es ist unsere Weihnachtsgeschichte:

Es begab sich aber zu der Zeit, dass ein Gebot von dem Kaiser Augustus ausging, dass alle Welt geschätzt würde.
Und diese Schätzung war die allererste und geschah zur Zeit, da Quirinius Statthalter in Syrien war.
Und jedermann ging, dass er sich schätzen ließe, ein jeder in seine Stadt.
Da machte sich auf auch Josef aus Galiläa, aus der Stadt Nazareth, in das jüdische Land zur Stadt Davids, die da heißt Bethlehem, weil er aus dem Hause und Geschlechte Davids war, damit er sich schätzen ließe mit Maria, seinem vertrauten Weibe, die war schwanger. Und als sie dort waren, kam die Zeit, dass sie gebären sollte.

Lukas 2,1–6

Galiläa
Gegend in Israel, westlich des Sees Gennesaret

Nazareth
Heimatort von Josef

Geschlecht Davids siehe auch Seite 74 im Buch.

Bethlehem
kleine Stadt in Judäa, einem Teil von Israel

Advent und Weihnachten

Und sie gebar ihren ersten Sohn und wickelte ihn in Windeln und legte ihn in eine Krippe; denn sie hatten sonst keinen Raum in der Herberge. Und es waren Hirten in derselben Gegend auf dem Felde bei den Hürden, die hüteten des Nachts ihre Herde.
Und der Engel des Herrn trat zu ihnen und die Klarheit des Herrn leuchtete um sie; und sie fürchteten sich sehr.
Und der Engel sprach zu ihnen:
Fürchtet euch nicht! Siehe, ich verkündige euch große Freude, die allem Volk widerfahren wird; denn euch ist heute der **Heiland** *geboren, welcher ist Christus, der Herr, in der Stadt Davids.*
Und das habt zum Zeichen: Ihr werdet finden das Kind in Windeln gewickelt und in einer Krippe liegen.
Und alsbald war da bei dem Engel die Menge der himmlischen Heerscharen, die lobten Gott und sprachen:
Ehre sei Gott in der Höhe und Friede auf Erden bei den Menschen seines Wohlgefallens.

Lukas 2,7–14

Heiland
der Heil-
bringende,
der Retter

Und als die Engel von ihnen gen Himmel fuhren, sprachen die Hirten untereinander:
Lasst uns nun gehen nach Bethlehem und die Geschichte sehen, die da geschehen ist, die uns der Herr kundgetan hat.
Und sie kamen eilend und fanden beide, Maria und Josef, dazu das Kind in der Krippe liegen.
Als sie es aber gesehen hatten, breiteten sie das Wort aus, das zu ihnen von diesem Kinde gesagt war.
Und alle, vor die es kam, wunderten sich über das, was ihnen die Hirten gesagt hatten.
Maria aber behielt alle diese Worte und bewegte sie in ihrem Herzen.
Und die Hirten kehrten wieder um, priesen und lobten Gott für alles, was sie gehört und gesehen hatten, wie denn zu ihnen gesagt war.

Lukas 2,15–20

Advent und Weihnachten

Matthäus erzählt es anders

Die Weihnachtsgeschichte wird in der Bibel zwei Mal erzählt. Der Evangelist Lukas berichtet uns von den Hirten und dem Kind, das in der Futterkrippe liegt. Der Evangelist Matthäus erzählt folgende Geschichte:

In einem fernen Land entdecken weise Sterndeuter einen neuen Stern. Sie sagen: „In Israel ist ein König geboren worden."
So ziehen sie nach Israel zu König Herodes und fragen:
„Wo ist der neugeborene König?"
Herodes erschrickt, denn er allein will König sein.
Listig sagt er zu den Sterndeutern:
„Sucht das Kind in Bethlehem.
Sagt mir dann, wo es ist. Auch ich will es besuchen."
Der Stern führt die Sterndeuter nach Bethlehem.
Dort finden sie Jesus und Maria. Sie freuen sich sehr.
Dann geben sie Jesus ihre Geschenke – Gold, Weihrauch und Myrrhe. Das sind Geschenke für einen König.
Nun ziehen die Sterndeuter wieder nach Hause.
Aber sie verraten König Herodes nicht, wo er Jesus finden kann.

nach Matthäus 2

Evangelist
einer, der ein Evangelium schreibt. Evangelium heißt „Gute Nachricht" und meint die Geschichte von Jesus. Es gibt vier Evangelisten: Matthäus, Markus, Lukas und Johannes. (Siehe auch Seite 75 im Buch.)

Viele Jahrhunderte nach Jesus hat man aus den weisen Männern Könige gemacht und ihnen die Namen Kaspar, Melchior und Balthasar gegeben. In der katholischen Kirche gibt es die Sternsinger. Erkundigt euch, was Sternsinger machen.

Advent und Weihnachten

Wir gehen zur Krippe

Kaspar: Ach, wie sind wir voll Verlangen
Melchior: weit gegangen,
Balthasar: weit gegangen.

Kaspar: Über Berge,
Melchior: tief im Tal,
Balthasar: durch die Wüste, öd und kahl,
Kaspar: Tag und Nacht auf schlechten Wegen.
Melchior: Unsere Füße sind voll Blasen.

Balthasar: Ach, wie war das Herz oft schwer,
alle drei: dicht der Stern ging vor uns her.

Kaspar: Schrecklich knurrte oft der Magen.
Melchior: Räuber wollten uns erschlagen.

Balthasar: Löwen brüllten gar nicht fern,
alle drei: doch wir folgten unserem Stern,
Kaspar: der uns treu geleitet hat
bis in diese schöne Stadt.
Melchior: In die Stadt Jerusalem,
Balthasar: wo die vielen Häuser stehn.

Kaspar: Wer mögen jene Leute sein?
Eilig ziehn sie querfeldein.

1. Hirte:	Hirten sind wir, arme Leute,
2. Hirte:	viel geplagt und ohne Freude.
3. Hirte:	Karg ist unser täglich Brot.
4. Hirte:	Immer heißt es Müh und Not.
Melchior:	Arm seid ihr und unbekannt,
	alt und schlecht ist das Gewand.
	Und doch liegt es wie ein Licht
	hell auf eurem Angesicht.
5. Hirte:	Hell ist unser Angesicht,
6. Hirte:	angezündet ist ein Licht,
7. Hirte:	das in unsern Herzen brennt.
8. Hirte:	Endlich hat die Nacht ein End´.
Balthasar:	Was ist Großes euch geschehn?
9. Hirte:	Wir eilen, Gottes Sohn zu sehn.
1. Hirte:	In dieser Nacht, hört, was geschah,
	stand jäh ein Engel vor uns da,
2. Hirte:	ein Engel, groß und ernst und schön.
3. Hirte:	Der sagte: Geht nach Betlehem!
4. Hirte:	Gott ist als Kind herabgestiegen –
	in einer Krippe seht ihr´s liegen.
Alle:	Durch Sonnenglut, durch Sturm und Regen
	gingen wir dem Kind entgegen.
Kaspar:	Wir gingen Tage, Nächte viel,
Melchior:	doch nicht umsonst: Wir sind am Ziel.
Balthasar:	Der Stern, dort steht er überm Stalle.
Alle:	Weihnacht ist es für uns alle.

Josef Guggenmos

Advent und Weihnachten

Martin Luther und die Reformation

Vertraut auf Gott – er allein hilft aus der Angst.

Reformationstag

Sag mal, weißt du, was heute in der Kirche los ist?

31. Oktober

Heute ist Reformationstag. Da erinnern sich evangelische Christen daran, wie es vor 500 Jahren mit ihrer Kirche angefangen hat. Besonders denken sie da an Martin Luther. Der war damals ganz schön mutig.

Der 31. Oktober ist ein Tag, der besonders gefeiert wird. Was weißt du darüber?

Martin Luther hat Angst

Martin Luther wird am 10. November 1483 geboren. Schon am nächsten Tag wird er getauft – dem Martinstag.
Daher nennen ihn seine Eltern Martin.
Sein Vater ist Bergmann. Als Besitzer eines kleinen Bergwerks brachte er es zu ein wenig Reichtum. So kann er seinen Sohn auf eine Schule schicken.
Die Eltern und Lehrer sind sehr streng zu Martin. So hat er Angst vor Strafen.
Später besucht Martin dann die Universität.
Er soll vielleicht einmal Richter, Bürgermeister oder Berater des Fürsten werden.

Zu dieser Zeit glauben die meisten Menschen:
Gott ist wie ein strenger Richter.
Er sitzt im Himmel auf einem Thron und zählt alle schlimmen Taten zusammen. Und wer viel Böses getan hat, der muss nach dem Tod im Fegefeuer leiden. Auch Martin Luther hat Angst vor Gott.

Jeden Tag geht er an einem Steinbild vorbei.
Es zeigt Jesus als einen Richter.
So wird er immer wieder daran erinnert:
Jeden Tag tue ich etwas Böses.
Jeden Tag tue ich jemand weh.
Jeden Tag mache ich etwas, was sich Gott bestimmt merkt.

Fegefeuer
Ort an dem nach dem Glauben der Menschen damals die Seelen nach dem Tod Sündenstrafen abbüßen müssen.

Was ist heute anders als zu Martin Luthers Zeit?

Martin Luther und die Reformation

„Heilige Anna, hilf."
Auch heute noch kennen katholische Christen Heilige, zu denen sie beten, wenn sie Hilfe erflehen. Anna war die Großmutter Jesu.

Martin Luther wird Mönch

Einmal wandert Martin über ein offenes Feld. Es kommt ein Gewitter. Viele Blitze schlagen neben ihm ein.
Er betet: „Heilige Anna, hilf. Dann will ich Mönch werden."
Er überlebt das Gewitter ohne Schaden.
Sein Gebet nimmt er sehr ernst.
Er glaubt: „Wenn ich mein Versprechen nicht halte, dann wird mich Gott strafen."
Und so wird Martin Luther Mönch.

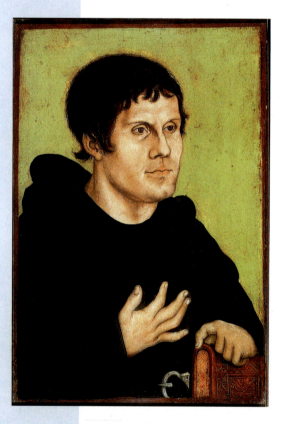

Nun muss er sein Leben ändern:

- Er muss seine Kleider mit einem Bettelgewand tauschen und sich die Haare rasieren.
- Jeden morgen muss er um drei Uhr aufstehen und beten.
- Sieben Mal am Tag muss er den Gottesdienst besuchen.
- Er wohnt in einer kleinen unbeheizten Kammer.
- Er muss betteln gehen.
- Er muss in der Küche oder beim Saubermachen helfen.
- Jede noch so kleine Schuld muss er beichten.

Was bedeutet das: Er kann keinen inneren Frieden finden?

Er tut alles, dass Gott ihm alles vergibt.
Aber er kann keinen inneren Frieden finden.

Martin Luthers Entdeckung

Martin liest viel in der Bibel.
Dabei entdeckt er:
In der Bibel steht kaum etwas von Gott als einem strengen Richter. Er findet immer wieder Geschichten und Sprüche, die sagen:
Gott ist barmherzig.
Er ist wie ein liebender Vater, der vergibt.

Später erzählt er:
„Mit dieser Entdeckung wurde mir die Tür zum Paradies geöffnet."

Wenige Jahre später ist Martin Luther Priester und lehrt an der Universität in Wittenberg.

Er erzählt den Menschen in den Gottesdiensten und seinen Studenten von seiner Entdeckung.

Er sagt: „Jesus sagt uns, dass Gott uns einfach so liebt. Dazu brauchen wir nichts zu tun."

Was meint Martin Luther wohl damit?

Das Bild zeigt die große Bedeutung von Jesus für die evangelischen Christen.

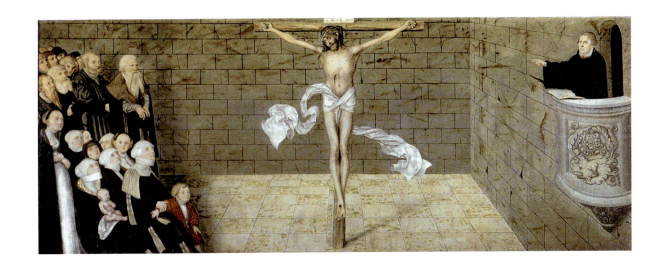

Luther widerspricht Papst und Kaiser

Zu dieser Zeit erlaubt die Kirche, dass sich Menschen von ihren Strafen freikaufen können. Prediger ziehen durch das Land.
Sie sagen: „Wenn das Geld im Kasten klingt, die Seele aus dem Fegefeuer in den Himmel springt."
Selbst arme Menschen zahlen viel Geld für ein Stück Papier, das man Ablassbrief nennt.
Dort steht: Dir sind … Tage vom Fegefeuer erlassen.

Das Geld wird gesammelt, um in Rom die Peterskirche zu bauen.

Bei der Beichte sagen die Menschen zu Martin: „Du musst mir vergeben. Sieh her. Ich hab einen Ablassbrief gekauft."
Martin aber sagt: „Nur Gott allein kann dir vergeben.
Er hat dich auch so lieb. Du brauchst dein Geld nicht für solche Zettel opfern."
Martin Luther versteht nicht, dass die Kirche und der Papst dies zulassen.

Aus Protest gegen den Handel mit den Ablassbriefen hat er am **31. Oktober 1517** an die Kirche in Wittenberg 95 Streitsätze, seine 95 Thesen, angeschlagen. Darin schreibt er seine Gedanken über Gott und gegen den Handel mit dem Ablass auf.

Dem Papst gefallen die Streitsätze nicht. Er schließt Martin Luther aus der Kirche aus.

Ablassbriefe
Sie sollten helfen, dass man nach dem Tod von Gott weniger Strafe bekommt.

Beichte
Man gesteht einem Priester, wenn man Schlimmes getan hat.

Thesen
Streitsätze, die man mit anderen besprechen will.

In Worms soll Martin Luther dem Kaiser seine Gedanken vortragen. Er wird zum Reichstag eingeladen. Als der zu Ende ist, unterhalten sich zwei Schreiber über das, was da passiert ist:

Wendelin: Jetzt haben wir das, was keiner haben wollte.

Jakob: Was hätte Luther denn tun sollen? Du weißt, dass er nach Worms gekommen ist, um ernsthaft von seiner Entdeckung zu erzählen. Aber die wollten alle nur, dass er klein beigibt und seinen Mund hält.

Wendelin: Zum Wohl der Kirche hätte er das tun sollen.

Jakob: Hast du das Ganze nicht verstanden? Luther ging es darum, dass die Bibel wichtiger ist als die Kirche. Und ihm ging es darum, dass die Angst der Menschen ihm wichtiger ist als die Kasse des Papstes. Nur deshalb hat er gesagt: „Wenn ihr mich nicht mit der Bibel überzeugen könnt, kann ich nichts zurücknehmen. Ich kann nichts gegen mein Gewissen tun. Gott helfe mir, Amen."

Wendelin: Was nützt es ihm jetzt? Jetzt wird die Kirche in zwei Teile gespalten. Hier die Evangelischen, dort die, die zum Papst halten. Wie soll das jetzt weitergehen? Der Kaiser hat über ihn dafür die Strafe der Reichsacht verhängt. Jetzt ist er nirgends mehr sicher.

Jakob: Du hast ja gesehen: Luther hat Freunde. Die haben ihn gleich nach dem Reichstag versteckt. Keiner weiß, wo er sich jetzt aufhält.

Wendelin: Bist du sicher, dass er nicht tot ist?

Jakob: Man kann nie wissen.

Reichstag
Treffen von allen, die im Reich etwas zu sagen haben.

Schreiber
Früher gab es den Beruf des Schreibers, da viele Menschen nicht schreiben konnten. Diese schrieben dann Briefe für andere. Wenn etwas Wichtiges passierte, dann haben Schreiber das meist aufgeschrieben, damit man später darüber lesen konnte.

Reichsacht
Strafe, durch die man keine Rechte mehr hat.

Martin Luther auf der Wartburg

Das Urteil des Kaisers ist: Keiner darf Martin bei sich aufnehmen. Keiner darf ihm Nahrung geben.
Jeder muss ihn sofort ausliefern. Wer ihm hilft, wird auch eingesperrt und verliert seinen Besitz. Martins Landesfürst aber hält sich nicht daran. Er heißt Friedrich der Weise. Er versteckt Martin auf seiner Wartburg im Thüringer Wald. Martin Luther nennt sich dort „Junker Jörg". Er lässt sich einen Bart wachsen, damit ihn niemand erkennt.

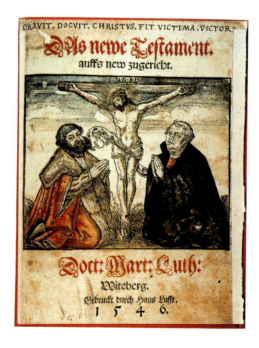

Auf der Wartburg hat er endlich Zeit für etwas, das er schon immer tun will. Die Menschen kennen die Bibel nur in lateinischer Sprache. So übersetzt er das Neue Testament in die deutsche Sprache.
Martin will, dass alle die Bibel verstehen und lesen können. Weil ihm und seinen Anhängern die Bibel so wichtig ist, nennt man sie „Evangelische Christen". Das erinnert an das Evangelium, in dem die Geschichte von Jesus aufgeschrieben ist.

Warum wohl ist Martin Luther wichtig, dass andere die Bibel verstehen?

Die „Wittenberger Nachtigall"

So nannte man Martin Luther. Er sang und musizierte gern mit der Familie. In seinem Hause wurden viele der neuen Kirchenlieder zum ersten Mal gesungen. Zur Weihnachtszeit dichtete er für seine Kinder das Lied „Vom Himmel hoch, da komm ich her". Auch die Melodie schrieb er dazu.

Sein wohl bekanntestes Lied ist:

Ein feste Burg ist unser Gott

Text und Melodie Martin Luther

Martin Luther und die Reformation

Martin Luther ist nicht allein

Überall in Deutschland, in der Schweiz und Holland sagen die Menschen:

„Der Luther hat recht.
Es muss sich etwas ändern."
Man nennt die Bewegung
„Reformation – Erneuerung".
Weitere Reformatoren treten
neben Martin Luther auf.
Es sind Freunde Martins wie
Philipp Melanchthon. Ihm ist
besonders wichtig, dass jedes
Kind in die Schule gehen kann.
Andere sind Ulrich Zwingli in der
Schweiz oder Martin Butzer in
Süddeutschland.

Auch Fürsten, Ritter und Oberhäupter von Städten sind für
die Reformation.
Zwölf Jahre nach dem ersten
Reformationstag ist im Jahr 1529
in Speyer wieder ein Reichstag.
Da wird bestimmt, dass die
Evangelischen wieder die
katholische Messe feiern sollen.
Einige Fürsten und Bürgermeister
rufen dazwischen: „Einspruch –
Protestatio. Wir wollen
evangelisch bleiben."

Seitdem nennt man die Evangelischen auch Protestanten.
Überall in der Welt kennt man
heute diesen Namen.

Gegeneinander – Miteinander

Gegeneinander
Viele Jahrhunderte tun sich evangelische und katholische Christen viel Böses an. Sie führen gegeneinander Kriege. Viele Menschen müssen wegen ihres Glaubens sterben. Oft werden Menschen wegen ihres Glaubens verfolgt.
Wer in einem Land lebt, in dem der Herrscher einer anderen Richtung angehört, muss auswandern. Solchen Menschen bleibt oft nicht mehr als ein Sack voller Kleider. Viele Menschen wandern nach Amerika oder Russland aus, wo sie ihren eigenen Glauben leben können.

Miteinander
Heute ist vieles anders. Es gibt immer noch getrennte Kirchen. Doch denken viele Christen darüber nach, wie man miteinander besser auskommt.
Evangelische und Katholische haben vieles gemeinsam.
Sie müssen sich aber besser kennen lernen.

Evangelisch – katholisch

Gemeinsame Wurzeln, unterschiedliche Wege

Ein katholischer Junge erzählt:

In der dritte Klasse ist bei uns der Kommunionunterricht. Man trifft sich mit anderen Kindern in einer Gruppe. Der katholische Pfarrer oder auch Eltern leiten diese Stunden. Sie erklären uns, wie ein Gottesdienst abläuft. Auch denken wir über die Kirche nach und fragen uns, was eine gute christliche Gemeinschaft ausmacht.

Besonders wichtig ist uns aber der Tag der Erstkommunion. Meist feiern katholische Christen diesen Tag am Sonntag nach Ostern. Man nennt den Tag auch „Weißen Sonntag". Die Kirche ist besonders geschmückt. An diesem Tag läuten alle Glocken nur für uns.

Die Mädchen tragen an diesem Tag oft weiße Kleider, wir Jungs einen Anzug. Wenn wir in die Kirche einziehen, haben wir Kerzen in der Hand. Ich habe meine Taufkerze dabei. In diesem Gottesdienst dürfen wir zum ersten Mal an der heiligen Kommunion teilnehmen. Wir nennen sie auch Eucharistie.

Nach dem Gottesdienst feiern wir Kinder mit unseren Familien ein großes Fest. Da bekommen wir auch Geschenke. In der Gemeinde haben wir darüber gesprochen, dass wir einen Teil davon an Kinder in ärmeren Ländern weitergeben. Das fand ich eine gute Sache.

Ein evangelisches Mädchen erzählt:

Ich bin in der vierten Klasse. Für uns Evangelische ist die Bibel wichtig. Deshalb haben wir sie besonders gut im Religionsunterricht kennengelernt. Martin Luther hat schon gesagt: Nur das, was in der Bibel steht, zählt für den Glauben.
Deshalb haben die evangelischen Christen kein Kirchenoberhaupt wie den Papst, der uns sagt, was wir glauben sollen.
Wenn ich zwölf Jahre alt bin, möchte ich in den Konfirmandenunterricht gehen. Dort lernt man vieles über den evangelischen Glauben.
Für uns evangelische Christen ist es auch wichtig, dass wir selbst mitmachen. Wenn man konfirmiert ist, darf man den Kirchengemeinderat mitwählen und mit 18 Jahren dort mitarbeiten. Der Kirchengemeinderat entscheidet z. B., ob die Jugend einen Raum in der Gemeinde bekommt oder was alles auf dem Gemeindefest ablaufen soll.

Ökumene

Es gibt verschiedene Kirchen in der Welt. Menschen haben unterschiedliche Wege, ihren Glauben zu leben und Gottesdienste zu feiern.
Wenn Menschen aus den verschiedenen Kirchen zusammenkommen, nennt man das Ökumene. In vielen Gemeinden finden „ökumenische Gottesdienste" statt oder es gibt die „Ökumenische Sozialstation", in der sich die Kirchen um alte und kranke Menschen kümmern.

Das Zeichen der Ökumene ist das Schiff mit dem Kreuz und den Wellen. Die Wellen stehen für das stürmische Wasser, in dem wir uns manchmal befinden, das Kreuz ist der Mast, an dem das Segel des Schiffes hängt. Und das Schiff zeigt: Wir Menschen sitzen alle in einem Boot.

Konfirmation
ist ein Fest, das evangelische Christen mit 13 oder 14 Jahren feiern.
Das Wort kommt aus dem Lateinischen und bedeutet „Befestigung". Man soll im Glauben stark gemacht werden.

Ökumene
kommt vom griechischen Wort Oikos, das bedeutet Haus. Unter einem Dach sollen Probleme zwischen den verschiedenen Kirchen gelöst werden.

Evangelische und katholische Gottesdienste

Ein katholischer Junge erzählt:
Unser Gottesdienst wird Messe genannt. Da geht es sehr feierlich zu.
Zu Beginn tauchen wir unsere Finger in ein Weihwasserbecken und bekreuzigen uns. Messdiener ziehen mit dem Pfarrer in der Kirche ein. Einer schwenkt ein Weihrauchfass und sofort riecht es in der Kirche nach dem Weihrauch. In der Messe singen und beten wir. Viele Gesänge werden jeden Sonntag gesungen und gehören zum festen Ablauf eines katholischen Gottesdienstes überall in der Welt. Das Wichtigste in unserem Gottesdienst ist die Eucharistie – unser Abendmahl. Der Pfarrer bittet Gott um die Wandlung des Brotes in den Leib und des Weines in das Blut Christi. Die kurze Predigt ist nicht so wichtig. Daher ist ein Gottesdienst für uns nur dann vollständig, wenn wir das Abendmahlsbrot, die Hostie, zu essen bekommen. Dieses gemeinsame Essen nennen wir Kommunion.

Ein evangelisches Mädchen erzählt:
Unser Gottesdienst ist sehr schlicht. Wir singen Lieder und beten. Das Wichtigste im Gottesdienst ist die Predigt, die unsere Pfarrerin hält. In der Predigt spricht sie über ein Wort aus der Bibel und fragt, was es für uns zu bedeuten hat. Auch greift sie aktuelle Themen auf, wenn irgendetwas Schlimmes in der Welt oder unserer Gemeinde passiert ist. Als ich noch kleiner war, habe ich von der Predigt wenig verstanden. Aber dafür gab es ja den Kindergottesdienst. Abendmahl feiern wir nur einmal im Monat. Dabei denken wir daran, wie Jesus mit seinen Jüngern am letzten Abend gegessen hat und was er uns bedeutet. Mit dem Abendmahl feiern wir unsere Gemeinschaft.

Benennt die Unterschiede zwischen einem katholischen und einem evangelischen Gottesdienst.

Evangelische und katholische Feste

Die meisten Feste wie Weihnachten, Ostern oder Pfingsten feiern alle Christen. Doch es gibt besondere Feste, die nur von evangelischen oder katholischen Christen gefeiert werden.
An diesen Feiertagen finden besondere Gottesdienste statt.

Siehe auch den Festkalender auf Seite 95.

Katholische Christen feiern im Juni Fronleichnam. In einer großen Prozession ziehen sie an diesem Tag durch die Straßen und tragen eine Monstranz vor sich her. Sie wollen damit zeigen: Jesus ist mitten unter uns Menschen.

Allerheiligen wird jedes Jahr am 1. November gefeiert. An diesem Tag denken katholische Christen besonders an Heilige. Heilige sollen ein besonders beispielhaftes Leben geführt haben. Sie sollen bei Gott für uns Menschen ein gutes Wort einlegen. Am Tag nach Allerheiligen wird Allerseelen gefeiert. Man denkt an die Verstorbenen und zündet auf dem Grab eine Kerze an.

Der Reformationstag wird von evangelischen Christen jedes Jahr am 31. Oktober gefeiert. Er erinnert daran, dass an diesem Tag Martin Luther seine 95 Thesen angeschlagen hat (vgl. Seite 106).

Der Buß- und Bettag wird von evangelischen Christen Mitte November gefeiert. An diesem Tag denkt man besonders darüber nach, was man in seinem Leben ändern sollte.

Monstranz:
Ein vergoldeter Gegenstand, in dem eine Hostie verwahrt wird. Monstranz kommt von dem lateinischen Wort „zeigen".

Fragt eure katholischen Mitschülerinnen und Mitschüler, wie sie Fronleichnam, Allerheiligen und Allerseelen feiern.

Evangelisch – katholisch   115

Quellenverzeichnis

Kinder fragen nach dem Leben 3/4

Bildquellen
S. 8 Marc Chagall: Gott erscheint Mose am brennenden Dornbusch. Slg. Peter Hartmann © VG Bild-Kunst, Bonn 2005; **S. 9** Peter Wirtz, Dormagen (Cornelsen Verlag) (links oben); Argus, Hamburg/Hartmut Schwarzbach (rechts oben); picture-alliance /dpa/epa/Dehme (links unten); picture-alliance/dpa/epa AFP/Brown (links unten); **S. 11** Kirsten Pauli (Cornelsen Verlag); **S. 16** © Arnold, www.awl.ch (li. oben); epd-bild, Frankfurt a. M./Werner Krüper (links oben); Diakonisches Werk der EKD, Stuttgart (rechts oben); Unicef Deutschland, Köln (links unten); Brot für die Welt, Stuttgart © (rechts unten); **S. 20** ILO © 1996-2005, Genf/C. Cabrera; **S. 21** Brot für die Welt, Stuttgart © 2004; **S. 23** picture-alliance/dpa, KNA-Bild, Frankfurt a. M. (unten); **S. 27** geändert nach: Heinrich A. Mertens, Handbuch der Bibelkunde, Patmos Verlag, Düsseldorf, Neuausgabe 1984; **S. 28** www.goetter-und-mythen.de; **S. 29** Cornelsen Verlagsarchiv; **S. 32/33** Rita Frind: Gott erschafft Himmel und Erde. © 1995 Patmos Verlag GmbH & Co.KG, Düsseldorf.; **S. 34** © f1 online, Frankfurt am Main; **S. 35** Science Photo Library/Focus, Hamburg/Simon Fraser (oben rechts und Mitte), argus, Hamburg/Hartmut Schwarzbach (Mitte rechts), argus, Hamburg/Gilles Corniere (Mitte links), Frank G. Quader, Berlin (unten); **S. 37** Edward Hicks: Das friedvolle Königreich. The Bridgeman Art Library, London/Berlin; **S. 38** picture-alliance/dpa/epa/Paul Buck; **S. 39** picture-alliance/dpa-Report/epa/Geoff Caddick; **S. 40** Sieger Köder: Hoffnung der Ausgegrenzten (Ausschnitt aus dem „Hungertuch 1996") © Medienproduktion und Vertriebsgesellschaft, Aachen; **S. 41** Schindler/Zavrel, Bibel „Mit Gott unterwegs" © by bohem press, Zürich; **S. 43** © Galerie Habdank, Berg (Starnberger See)/ © VG Bild-Kunst, Bonn 2005; **S. 54** IFA-Bilderteam, München/Nowitz; **S. 55/57** © Benziger Verlag, Zürich 1990; **S. 63** Corel Library/Cornelsen Verlag; **S. 64** picture-alliance/Godong/Robert Muldev (oben), picture-alliance/dpa/epa/Jim Hollaender (Mitte), picture-alliance/epd-bild/Heribert Sachs (unten); **S. 65** Manfred Levi, Hofheim; **S. 66** Aus: KinderWelten: ein jüdisches Lesebuch. Kovar Verlag, Eichenau 1996.; **S. 69** Arco Digital Images, Lünen; **S. 70** Keystone Pressedienst, Hamburg/Topham; **S. 72** Michael Füsgen, Ratingen; **S. 73** picture-alliance/epd-bild/Friedrich Stark; **S. 74** Slg. Peter Hartmann; **S. 75** akg-images, Berlin; **S. 76** akg-images/Erich Lessing (oben); akg-images/ Moma Newe York/© VG Bild.Kunst, Bonn 2005 (unten links); akg-images/Cameraphoto; **S. 77** Slg. Peter Hartmann; **S. 79** © Sieger Köder: Johannes der Täufer; **S. 81** © Rosemarie Müller, Selters/Das Gleichnis vom Senfkorn; **S. 84** Rembrandt: Jesus heilt die Kranken. akg-images; **S. 85** akg-images/Tristan Lafranchis; **S. 86** © Sieger Köder, Die Frau am Jakobsbrunnen; **S. 89** Rembrandt: Die Heimkehr des verlorenen Sohnes. 1668/69, St. Petersburg, Staatliche Ermitage. akg-images; **S. 91/92, 96/97/98** Die Bibel mit Bildern von Lisbeth Zwerger. © bei Lisbeth Zwerger; **S. 99** Peter Wirtz, Dormagen; **S. 103** J.M. Pietsch, Spröda; **S. 104/105** Lucas Cranach. akg-images; **S. 106** J.M. Pietsch, Spröda; **S. 108** Lucas Cranach: Luther als Junker Jörg. akg-images (oben), Titelbild Lutherbibel. Cornelsen Verlagsarchiv (unten); **S. 109** akg-images, Berlin; **S. 110** Zentralarchiv Speyer, Abt. 154 Nr. 2924.; **S. 112** epd-bild/Meike Böschemeyer; **S. 114** Cornelsen Verlagsarchiv; **S. 115** Arco Digital Images, Lünen/Dieterich

Textquellen
S. 4 Lene Mayer-Skumanz: Tino denkt nach. Rechte bei der Autorin. Abgedruckt in: Lene Mayer-Skumanz Schupp, Karin (Hrsg.): 200 kurze Geschichten. Kaufmann Lahr 1999, Nr. 3. **S. 5** Martin Auer: Zufall. Aus: Gelberg, Hans-Joachim (Hrsg.): Überall und neben dir. Beltz-Verlag Weinheim 1989, S. 64.; **S. 6** Jesaja 43,1b/Jeremia 23,23. Aus: Lutherbibel, revidierter Text 1984 durchgesehene Ausgabe in neuer Rechtschreibung, © 1999 Deutsche Bibelgesellschaft, Stuttgart. **S. 7** Die Blinden und die Sache mit dem Elefanten (nach Rainer Oberthür). Aus: Shah, I.: Das Geheimnis der Derwische, Geschichten der Sufi-Meister. Freiburg 1982, S. 116f. Veränderte Fassung aus: Oberthür, Rainer: Kinder und die großen Fragen. Ein Praxisbuch für den Religionsunterricht. München 1995, S. 30.; **S. 10** Albrecht Goes: Die Schritte. Aus: Albrecht Goes: Leicht und schwer. Siebzig Jahre im Gedicht. Fischer Taschenbuch Verlag, Frankfurt a. M. 1998. **S. 12** Psalm 31,16a. Aus: Lutherbibel, revidierter Text 1984 durchgesehene Ausgabe in neuer Rechtschreibung, © 1999 Deutsche Bibelgesellschaft, Stuttgart. **S. 13** Rainer Oberthür: Nele fragt. Aus: Rainer Oberthür: Neles Buch der großen Fragen, eine Entdeckungsreise zu den Geheimnissen des Lebens Kösel Verlag, München 2002.; **S. 16** Eva von Marder: Wie eine gelbe Blume. Rechte bei der Autorin. Abgedruckt in: Schupp, Karin (Hrsg.): 200 kurze Geschichten. Kaufmann Lahr 1999. **S. 17** Edina: An alle Kinder der Welt (gekürzt). Aus: Rainer Oberthür: Kinder fragen nach Leid und Gott. Kösel Verlag, München 1998. **S. 20** Razia, ein Mädchen aus Pakistan (Überschrift geändert). Aus: Razia: Hände müssen Fußbälle nähen, in: Diakonisches Werk der Evangelischen Kirche in Deutschland e. V. für die Aktion „Brot für die Welt", Stuttgart: Fair play und eine Welt. **S. 22** Kinderrechte (gekürzt). Ausgewählte Kinderrechte aus der Konvention der Vereinten Nationen über die Rechte des Kindes von 1989 übertragen in die Ich-Form – nach einer Veröffentlichung von amnesty international. Der volle Wortlaut der Konvention ist in der Broschüre „Kinderrechte sind Menschenrechte" veröffentlicht, die bei Brot für die Welt angefordert werden kann. **S. 35** Adaption einer Rede, die Häuptling Seattle 1855 an den Präsidenten der Vereinigen Staaten gerichtet haben soll. Der Text ist eine freie Bearbeitung eines Redetextes, der erstmalig publiziert wurde im „Seattle Sunday Star" 1887 und später auch in der „Washington Historical Quaterly" erschienen ist. Die deutschen Rechte liegen bei der Dedo Weigert Film GmbH, München. **S. 44** 1. Mose 8,22. Aus: Lutherbibel, revidierter Text 1984 durchgesehene Ausgabe in neuer Rechtschreibung, © 1999 Deutsche Bibelgesellschaft, Stuttgart. **S. 45** Christine Busta: Merkverse. Aus: Christine Busta: Wenn du das Wappen der Liebe malst. O. Müller, Salzburg 1981. **S. 62** Römer 11,18. Aus: Lutherbibel, revidierter Text 1984 durchgesehene Ausgabe in neuer Rechtschreibung, © 1999 Deutsche Bibelgesellschaft, Stuttgart. **S. 66** Karin Levi: G''tt der Welt. Aus: Alexa Brum u. A. (Hrsg.): Kinderwelten. Verlag Roman Kovar, Eichenau 1996. **S. 82** Matthäus 5,44. Aus: Lutherbibel, revidierter Text 1984 durchgesehene Ausgabe in neuer Rechtschreibung, © 1999 Deutsche Bibelgesellschaft, Stuttgart. **S. 83** Lukas 10,27. Aus: Lutherbibel, revidierter Text 1984 durchgesehene Ausgabe in neuer Rechtschreibung, © 1999 Deutsche Bibelgesellschaft, Stuttgart. **S. 85** Johannes 6,35. Aus: Lutherbibel, revidierter Text 1984 durchgesehene Ausgabe in neuer Rechtschreibung, © 1999 Deutsche Bibelgesellschaft, Stuttgart. **S. 90** Lukas 24,6a. Aus: Lutherbibel, revidierter Text 1984 durchgesehene Ausgabe in neuer Rechtschreibung, © 1999 Deutsche Bibelgesellschaft, Stuttgart. **S. 91** Markus 14,22+23/Markus 14, 66-72. Aus: Lutherbibel, revidierter Text 1984 durchgesehene Ausgabe in neuer Rechtschreibung, © 1999 Deutsche Bibelgesellschaft, Stuttgart. **S. 92** Markus 15,2/Markus 15,22–27,33,34,37–39. Aus: Lutherbibel, revidierter Text 1984 durchgesehene Ausgabe in neuer Rechtschreibung, © 1999 Deutsche Bibelgesellschaft, Stuttgart. **S. 96** Psalm 27,1 Aus: Lutherbibel, revidierter Text 1984 durchgesehene Ausgabe in neuer Rechtschreibung, © 1999 Deutsche Bibelgesellschaft, Stuttgart. **S. 97** Jesaja 9,1. Aus: Lutherbibel, revidierter Text 1984 durchgesehene Ausgabe in neuer Rechtschreibung, © 1999 Deutsche Bibelgesellschaft, Stuttgart. **S. 97–98** Lukas 2,1–20. Aus: Lutherbibel, revidierter Text 1984 durchgesehene Ausgabe in neuer Rechtschreibung, © 1999 Deutsche Bibelgesellschaft, Stuttgart. **S. 100/101** Josef Guggenmos: Wir gehen zur Krippe. Rechte beim Autor.

Liedquellen
S. 5 Jürgen Werth: I got you/Vergiss es nie (nur Refrain). © Paragon Music Corp./Unisong Music Publ. adm. by Unisong Music Publ. B.V. Printrecht für Deutschland: Hänssler-Verlag, D-71087 Holzgerlinge. **S. 25** Gerhard Schöne: Lass uns eine Welt erträumen. By Lied der Zeit GmbH, Hamburg. **S. 34** Text: Franz von Assisi/Winfried Pilz/Musik: aus Italien : Laudato si. © Verlag Haus Altenberg, Düsseldorf. **S. 45** Bernd Schlaudt: Unter Gottes Regenbogen. Rechte beim Urheber. **S. 49** Text: Kinderkirchentags-Team/Musik: Peter Janssens: Segne Vater, Herz und Hand/Segne uns mit der Weite des Himmels. Rechte bei Peter Janssens Musik Verlag, Telgte-Westfalen. Nur 1. Strophe. **S. 67** Text und Melodie aus Israel: Hevenu schalom alejchem – Wir wünschen Frieden euch allen. Text und Musik aus Israel. **S. 80** Text: Kurt Hoffmann, Friedrich Walz/Musik: Spiritual: Hört, wen Jesus glücklich preist. © Gott ist da, BE 222, Gustav Bosse Verlag, Regensburg. **S. 93** Text: Armin Juhre, Melodie: Karl Wolfgang Wiesenthal: Zu Ostern in Jerusalem. Rechte beim Urheber. **S. 109** Melodie und Musik: Martin Luther: Ein feste Burg ist unser Gott.